蒙古民族文物图典

《蒙古民族文物图典》

策　　划：刘兆和

主　　编：刘兆和

副 主 编：王大方

　　　　　邵清隆

蒙古民族毡庐文化

张彤 编著

文物出版社

主编助理：张 彤

绘图指导：贾一凡

摄影：

孔 群　鄂 博　庞 雷　刘玉功　张欣宏　陈丽琴　苏雪峰

绘图：

纪 烁　陈丽琴　陈拴平　陈广志　陈晓琴　武 鱼　阎 萍　王利利
徐亭明　刘利军　钟利国　包灵利　田金芳　杨 慧　高 娜　张利芳
袁丽敏　任波文　苏雪峰　张世喻　田海军　郝水菊　范福东　郭 宝
郭金威　王喜青　娜日丽嘎　王明月　史瑾莎　李 瑞　郝振男

责任印制　陈 杰

责任编辑　张 芳　李 飏

图书在版编目（CIP）数据

蒙古民族毡庐文化／张 彤 编著．—北京：文物出版社，2008.1
（蒙古民族文物图典）
ISBN 978-7-5010-2173-4

Ⅰ.蒙… Ⅱ.张… Ⅲ.蒙古族-民族文化-概况-内蒙古
Ⅳ.K281.2
中国版本图书馆 CIP 数据核字（2007）第 036150 号

蒙古民族毡庐文化
张彤 编著
文物出版社出版发行
（北京市东直门内北小街 2 号楼）
http://www.wenwu.com
E-mail:web@wenwu.com
北京文博利奥印刷有限公司制版
文物出版社印刷厂印刷
新华书店经销
889×1194　1/16　印张：19.75
2008 年 1 月第 1 版　2008 年 1 月第 1 次印刷
ISBN 978-7-5010-2173-4　定价：220.00 元

序言

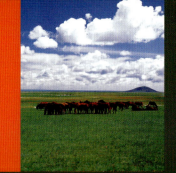

　　中国北方草原,雄浑辽阔。曾经在这里和目前仍在这里生活的草原游牧民族,剽悍、勇敢、智慧,对中华文化的发展,乃至对中华民族的形成和发展,作出了极其重要的贡献。在中国域内恐怕难以找到一块没有受到北方草原游牧民族影响过的地方。不仅如此,北方草原游牧民族,对世界历史发展的影响,也令人瞩目。这其中,影响最大的当属至今仍生息在这块草原上的蒙古民族。

　　蒙古民族从成吉思汗统一北方草原诸部落起,至今已有800多年历史,在继承古代草原游牧文化的基础上,以广阔的胸怀大量吸收欧亚诸民族文化,把草原游牧文化推向历史的辉煌顶峰,创造了适应于草原自然环境,深刻反映在政治、军事、生产、生活、娱乐等各领域中的独具特色的文化形态,即我们所珍视的草原游牧文化。草原游牧文化,是中华民族文化百花园中的奇葩,也是世界文化宝库中难得的珍宝。

　　毋庸讳言,随着现代工业及交通、通信和计算机网络等现代经济和科学技术的发展,草原游牧生产方式正在迅速消失,其传统的文化形态也正在被新的文化形态所代替,这是不可逆转的趋势。因此,草原游牧文化正在成为或部分已经成为文化遗产了。正因为如此,它的价值也更加凸显出来。

　　世界上每一个国家的民族文化,都是在其特定的自然环境和长期的生产生活中形成和发展起来的。每一个民族的文化,都是其民族的灵魂和血脉,是维系其民族存在的精神纽带,是其区别于其他民族并自立于世界民族之林

内蒙古自治区党委常委、宣传部长

的标志。所以,现在世界各个国家都在努力保护本国的民族文化。在我国北方草原游牧文化正在发生嬗变之时,这套《蒙古民族文物图典》的出版,无疑有着极高的价值。世界上蒙古族人口有900余万,600余万在中国。其中在内蒙古生活的蒙古族有400余万人。而到目前,对蒙古族的鞍马、服饰、毡庐、饮食、游乐、宗教等民族文物,比较系统地用测绘描图等科学方法研究记录并出版,在世界上尚属首次。这是对蒙古族文物的一项成功的抢救保护措施。这套图典中收录的民族文物,在蒙古族各部落的文物中具有典型性、标志性。它继承了我们优秀的民族文化,承载着愈来愈加珍贵的众多信息,在未来我们生产、生活和文化艺术活动中对蒙古族优秀传统文化的传承,可能会起着像"字典"、"辞典"一样的作用。

这套图典对蒙古民族文化的研究和保护,采用了一种新的视角和方法,对今后的研究工作可能会有引导和借鉴作用。所以,当策划开展此项研究时,我就是一位热心的支持者。认为这项研究及图典的编纂出版,对我国巩固民族团结和祖国统一,对我们未来的文化发展,都有着积极意义。《蒙古民族文物图典》的出版,充分体现了我们党和政府对保护民族文化遗产的高度重视,也反映了内蒙古自治区文物工作者对研究和保护民族文化遗产的奋斗精神。在图典出版之际,我谨向从事这项研究的同志们所取得的成果表示祝贺,也祝愿图典为祖国文化遗产的保护和传承发挥应有的作用。

目录

 壹 毡庐的形制 · *11*

蒙古包的形制发展至今日，经历了由简单到复杂的过程，它是中国古代北方草原游牧民族在生产与生活实践中不断摸索、改进的杰出创造。

 贰 毡庐的架木结构 · *49*

毡庐的结构以木架为骨干，外覆毛毡搭建，以绳挽缚而成。其架木结构主要由天窗、顶杆、围壁、门、柱等部分组成。

 叁 毡庐的毡毛装饰 · *81*

毡庐在架木形成骨干结构后，上覆围毡、顶毡、顶盖毡，并用毛绳捆束，包内铺设地毡。

蒙古包溯源

[一]《史记·匈奴列传》，中华书局，1959年版。
[二]林幹著：《匈奴通史》，第144页，人民出版社，1986年版。
[三]《南齐书·魏虏传》，中华书局，1972年版。

　　毡庐俗称蒙古包，而蒙古包在汉文史籍中古称穹闾、穹庐、毡帐、旃毡等。它被称为蒙古包，大约是在满族先人女真与蒙古族频繁接触的南宋前后，满语称"家"为"博"，把蒙古人的家称"蒙古博"，取其谐音，而作蒙古包。蒙古包的形成、发展经历了漫长的过程，它是包括蒙古族在内，生活于北方草原的游牧民族富于智慧的杰出创造。

　　早期以狩猎、捕鱼为生的游猎民栖身于一种上尖下圆的窝棚中，这种窝棚用二三十根树干作为支架，先以桦树皮、后以兽皮覆盖，用来御寒、遮阳、避风雨。制作简单，便于拆卸。其形制与世代以狩猎为生的鄂伦春和鄂温克族传统的居所——"斜仁柱"极为相似。在内蒙古自治区阿拉善右旗雅布赖山一带的岩画中有这种比较原始的帐幕形式。伴随着游猎民生产方式由狩猎向畜牧业过渡，他们需要一种便于迁徙的居室，窝棚加以改进成为圆形拱顶的帐幕。

　　游牧民的居室何时从支架式的圆锥体过渡到蒙古包式的毡帐，史无明确记载。早在春秋战国时期，我国北方的少数民族"狄"、"北夷"已普遍使用毡帐，如《史记·天官书》记载了北方游牧民族有居住"穹闾"的习惯。强盛于秦汉时期的匈奴也"父子同穹庐而卧"。[一]从穹庐字面上来看，"穹"指中间隆起、四周下垂的空间，"庐"是指搭建在原野上的庵棚一类的房舍。又据西汉桓宽《盐铁论·论功》中言，匈奴穹庐"织柳为室，毡席为盖"，可知匈奴穹庐的大致形制：穹庐由室与盖两部分组成，制作的材料为红柳条和毛毡。有学者研究也表明，制造构建穹庐的木架是匈奴木器业部门的重要职能之一。[二]由此可见，不晚于西汉时期，匈奴毡帐已具备完整的形制。

　　魏晋南北朝时，南朝齐武帝在齐永明十年（492年，北魏太和十年）遣将出使北魏，他们回到江南后，这样描述拓跋鲜卑的毡帐："以绳相交络，纽木枝枨（音chéng，支架），覆以青缯，形制平圆，下容百人坐，谓之'繖'（即伞），一云'百子帐'也。"[三]即用牛毛绳从各面绑缚，结扎木条（或柳条），做成伞形支架。帐顶不仅用毡，贵族之家或豪门大户更有用丝织品作为帐顶装饰的。此时毡庐形制已相当成熟，且规模很大。另据《魏志·乌丸鲜卑传》注引《魏书》"居无常处，以穹庐为宅，皆东向"。说明蒙古包有门且东向开，以避北方草原强劲的西北

［一］参见《中国文物报》2001 年 1 月 7 日第五版。

［二］吕一飞：《胡族习俗与隋唐风韵》，第 82 页，北京书目文献出版社，1994 年版。

［三］盖山林：《阴山岩画》，第 382 页，文物出版社，1986 年版。

［四］《辽史·营卫志中》，中华书局，1974 年版。

［五］《新唐书·契丹传》，中华书局，1975 年版。

［六］项春松：《克什克腾旗二八地辽墓》一文，载《内蒙古文物考古》，1984 年第 2 期。

风。2000 年 5 月，考古工作者在山西省大同市南郊发现了北魏墓葬 11 座。二号墓出土了三件陶制毡帐模型。[一] 一件为长方形底，向上渐收，顶部开有天窗两个，前侧开门。后壁浮雕一条绳索，一端直通天窗，一端穿过一圆环固定，表示这条绳索可控制天窗开合。另一件底为圆形，隆起穹顶。顶部红彩绘圆环，圆环外围呈放射状下垂。围壁绘"△"形图案，表示先以木条结扎伞形支架，再覆以毡。此三件模型可能为目前所见出土最早的穹庐模型。草原游牧民在常年的迁移转徙中，不断对穹庐的形制加以改进。为了克服采光和烟气排放不畅的缺陷，北魏时期已在穹庐的顶部开有天窗。

唐朝深受北朝文化的影响，宋人程大昌《演繁露》一三《百子帐》曰："唐人在婚礼中，多用'百子帐'，盖其制本出塞外，特穹庐、拂庐之具体而微耳。卷柳为圈，以相连锁，可张可阖。"[二] 此处的"圈"（音 juàn）字，本义为畜栅栏，即将柳条编织成一个个网状栅栏，相互连接起来可以伸缩。从其叙述来看，类似今日牧区蒙古包的网状围壁。

在内蒙古自治区阴山支脉狼山乌拉特后旗布尔很哈达山巅上，岩画学家发现了一幅非常接近蒙古包的毡帐岩画。其形制较今日牧区蒙古包稍高，顶上开有天窗（陶脑），一面设门，外表用木棍搭成方格纹样，另用粗绳横拦两道以加固围壁。岩画学家将此处岩画与中亚叶尼塞河一带岩画进行比较研究，结论为这种帐幕很可能是突厥人居室的式样。[三]《隋书·突厥传》说突厥"穹庐毡帐"，"穹庐为帐，毡为墙"。尽管今人无法确定游牧民何时在帐顶上开有天窗，但天窗仍被视为毡帐演进中极为重要的环节。突厥人这种天窗式的毡帐在 12~13 世纪的蒙古人中已普遍使用。

另一个活跃于北方草原的游牧民族契丹也是"草居野次，靡有定所"，[四] 直到唐朝仍然是"射猎居处无常"，[五] 保持着以毡帐为舍的传统居住方式。伴随辽政权的建立，契丹人大批进入中原地区，他们仍在城内搭设毡帐。内蒙古自治区赤峰克什克腾旗二八地一号辽墓出土的一幅石棺画，反映了当时的毡帐形制。画面中横排三座毡包，中间一座为白色，两侧为黑色，均为半圆形顶，用皮绳拴缚，面南开设半圆形券顶状小门。[六] 其外观与近代草原牧民居住的蒙古包无大的差异。宋人苏颂据亲身见闻，作《契丹帐诗》曰："行营到处即为家，一卓穹庐数乘车，千里山川无土

[一] 苏颂:《魏公集》卷一三。
[二] 彭大雅:《黑鞑事略》,《内蒙古史志资料选编》第3辑。
[三] (英) 道森编、吕浦译、周良霄注:《出使蒙古记》中的《鲁不鲁乞东游记》,中国社会科学出版社,1983年版。

著,四时畋猎是生涯。"[一] 可见当时毡帐的容积不会很小,数辆车才能载运。

后起的蒙古族将蒙古包的制作发展至极高的水平。无论是蒙古汗国还是日益城市化的元王朝时期,帐幕仍然是蒙古人主要的居所。贵族所用的大型宫帐称"斡耳朵"、"斡鲁朵"、"兀鲁朵"等,意为"宫帐"、"行宫"。成吉思汗时建立了四大斡耳朵,作为大汗和后妃居所,以后凡新君继位,都自制斡耳朵,形成一套完整的斡耳朵制度。其形制有二:一为可迁移式,一为固定式,后者规模较前者大得多。每一种斡耳朵,均有一个环绕它形成的庞大帐幕群。居中南向的是大汗的帷幕,诸后妃帐幕排列在稍后左右两侧。窝阔台汗即位后于1236年在夏营地月儿灭怯土的山林中修建一座可容一两千人的大帐,后来成为蒙古大汗召集贵族、宗室聚会的重要场所。忽必烈在位时于上都城西南草原又建起"深广可容数千人"的斡耳朵,并配建了一些宫殿,使之成为一组固定建筑群,用来举行"诈马宴"等活动。在元大都宫城内,也建有固定斡耳朵,皇帝去世后,仍由后妃居守。至元后期,有十一室皇后斡耳朵存留。

这种大型宫殿式蒙古包形制大体与草原上的无异,"即是草地中大毡帐,上下层用毡为衣,中间用柳编为窗眼透明,用千余条索拽住"。[二] 斡耳朵外部,一般用白毡、红色天鹅绒或者白、黑、红条纹相间的豹、狮皮搭盖。帐幕里面的帐顶及四壁装饰考究,悬以绣有精美图案的织锦帷幕或貂皮;帐中数根用以支撑的立柱均包饰金或者鎏金雕龙纹,柱子与横梁连接处以金钉固定。早期斡耳朵内部无隔间,后来用柱子隔开走廊、正厅及皇帝卧室。如此装饰豪华的大帐被来自南宋的使者称为"金帐"。

这种大型宫帐蒙古包,需要装在车上拉走。西方人鲁不鲁乞在他的游记中记述了亲眼所见:13世纪时的宫帐蒙古包,"将帐幕做的如此之大,有时可达三十英尺宽。我曾经数过,有一辆车用二十二匹牛拉一座帐幕,十一匹牛排成一横列,共两排,在车前拉车。车轴之大,犹如一条船的桅杆。在车上,一个人站在帐幕门口,驱赶着这些牛。"[三] 以22头犍牛所拉载巨型蒙古包颇有气势。这种宫帐的造型类似于雅布赖岩画中的颈式毡帐,顶部开高高的天窗,外覆毛毡,似人的颈部。鲁不鲁乞称蒙哥汗的宫殿为"有颈发屋"。蒙古族集诸北方民族之大成,继承了传统的居

蒙古包内部家具及摆设，早期较为简单，后逐渐向功能齐备过渡。蒙元时期的斡耳朵地面上铺着厚厚的地毯，在正北面用木板搭起一座高台，饰以金银，上面放置皇帝宝座——胡床。高台前有三道楼梯。宝座旁放有皇帝皇后的座位，高台左右两侧各排列着几排座位，右边为儿子和兄弟的，左边为后妃和女儿的。此外要摆设长凳，专门用来摆放饮料和食品。这样的大帐用于皇帝议事和会客设计。后妃大帐中央置火炉，帐内安置两张或数张床。

　　普通蒙古包装饰很简单。蒙古民族早期信奉萨满教，后来又尊崇藏传佛教，所以帐中一般置有神龛和供品。贵族和富裕之家有床，帐中铺地毡设火炉或火盆，贫困人家以毡为床。延至清代，蒙古包内的家具陈设日趋讲究，种类繁多。除日常生活必需的灶、桌、箱、柜、橱、架外，还有佛龛等礼佛用物。用料多为桦木、榆木、椴木、松木，形制简洁、实用，颜色艳丽、古朴，装饰纹样精美、繁复，用植物纹、动物纹及佛教八宝图案进行装饰，栩栩如生。包内各种家什物品的摆放位置，均有一定之规。 灶火在牧人之家具有至高无上的地位，所以设于包内中心位置。供奉佛祖的神龛通常置于帐内西北方向。

　　蒙古包外有拴马桩、羊圈和草原牧人必不可少的车等一些附属设施。因为经常处于迁徙流动中，游牧民使用车的历史比较久远。早在匈奴时期，匈奴人使用车的数量就很大，《汉书·扬雄传》载《长杨赋》曰："砰辒辒，破穹庐。"应劭曰："辒辒，匈奴车。"东汉安帝永初三年（109 年），汉军击破匈奴，"获穹庐、车重千余辆。"一次就缴获战车千余辆，可见匈奴车数量之多。制车行业一直是最主要的生产部门之一，其制作有赖张掖郡的木材供给。后起的鲜卑、高车均有车，后者更以出产车轮高大、辐数众多的车而得名。此时车上有篷，用毡制成，以避风雨，故也称毡车。《南齐书·豫章文献王嶷传》载："上（齐武帝）谋北伐，以虏（拓跋鲜卑）所献毡车赐嶷。"《北史·室韦传》载："乘牛车，以蓬苫（用苫编成的粗席子）为屋，如突厥毡车之状。"突厥仍承袭北方民族毡车形制。在北方民族中，车不仅作为运输工具、临时居所，在战斗中还可作为防御工具，甚至祭祀之用。《魏书·铁弗刘虎传》：登国（北魏道武帝年号，386～398 年）中，匈奴铁弗部袭击拓跋部，"其众八九万，太祖乃以车为方营，并战

［一］（法）沙海昂著、冯承钧译：《马可·波罗行纪》，中华书局，2004年版。

并前，大破之。"《魏书·献明皇后传》："刘显怒，将害后。后夜奔亢埿家，匿神车中三日。亢埿举室请救，乃得免。"所谓神车，即在车中置神龛，外人不可随便搜查，此为游牧民所创独特的宗教祭祀方式。

蒙元时期，车更是草原牧人很重要的交通工具，大致可分为乘坐和载物两大类。乘坐的车称为黑车或毡车，即车上覆黑毡车篷，"是一种双轮上等轿子车，质量优良，上覆黑毡甚密，雨水不透，架以牛、驼。"[一]

载物车包括搬运帐幕的大车和装运物品的驮车，前者既有贵族使用的豪华帐舆，又有普通牧民以一头或数头牛、驼拉行的小型车辆，其特点为车上既可乘人又可载物。装运日常物品的驮车种类很多，有"农合速秃·帖儿坚"（羊毛车）、"撒斡儿合·帖儿坚"（有锁的车）等。西方传教士在《出使蒙古记》中详细记载了这种载箱车子的式样："他们用细长的劈开的树枝编成像一个大保险箱那样大小的正方形东西，然后在它上面，从这边到那一边，他们用同样的树枝编成一个顶，在上面做成一个小门。做成以后，他们用在牛油或羊奶里浸过的黑毛毡覆盖在这个箱子或小房子上面，以便防雨。在黑毛毡上，他们也同样地饰以多种颜色的图案。他们把所有的寝具和贵重物品都收藏在这些箱子里，把它们捆绑在高车上，用骆驼拉车，以便能够渡过河流而不致弄湿。"

至明清以后，勒勒车按其用途可分为轿车、箱车、水车三种。轿车顶部浑圆，用白毡覆篷，两边有一尺高的栏杆，牧人之家在转场时，让老人、孩子坐在里面；箱车是用木头制成箱子，上面呈三角形，用毡子覆盖，存放肉、面及衣物等；水车是用木头箍的大水桶做成。车的形制未有大的变化，只在车轴眼镶了车键，减少了颠簸，增加了平稳度。一个勒勒车，重约一百斤，载重约千斤。这样一名妇女可以驱赶由一头牛或骆驼拉的车达二三十辆，将其拴连在一起首尾相随，赶车人坐在前面一辆车子上赶着牛，遇难行地段或涉水时，则需将车子解开，一辆辆拉过去。

包外还附有拴马桩等设施，离大帐约一至二箭射程，有固定的拴马处。

帐篷也是一种简易的居住形式，它是蒙古包演进中的重要一环，作为一种仓储形式，至今犹存。

　　蒙古包形制由森林狩猎时代的支架式简易锥体建筑，演进为圆形拱顶的帐幕，再经过顶开天窗的改造，始成为今日的式样。其形成、发展与北方游猎民族经济生产方式的转变密切相关，是适应当时生产力发展水平，取之自然，为其所用，以求生存的杰出创造。

壹 毡庐的形制

蒙古包的形制发展至今日，经历了由简单到复杂的过程，它是中国古代北方草原游牧民族在生产与生活实践中不断摸索、改进的杰出创造。蒙古包早期形制较为简陋，先民只是就地取材，搭建上尖下圆的窝棚。伴随生产力水平的不断提高，他们的居室从支架式的圆锥体过渡到圆形拱顶的帐幕，这是蒙古包演变过程中极为重要的一环。顶开天窗的创造，又极好地解决了采光和通风的问题，最终定型为木构架并外覆毛毡的蒙古包，且组成构架的各部分规格基本确定，使其结构更加完善，功能性更强，适应游牧生活的需要。

蒙古包种类上的差异，表现在各组成部分形式、规格及覆盖材料等方面的不同。据学者研究，蒙古族在16世纪以前所居住的蒙古包较高，是由于搭建蒙古包顶的顶杆（乌尼）长，且围壁（哈那）高，建成包顶坡度较大的缘故，与今日哈萨克族使用的毡庐相似。这是古代蒙古包与现代蒙古包的区别。从大小上区分，蒙古包一般不少于四片哈那，四至五片哈那属于小蒙古包，六至七片哈那为中等蒙古包，八片以上为大型蒙古包。从天窗（陶脑）上区分，一为整圆天窗，即天窗为一个整体；另一种为插合式天窗，由两个半圆对合而成，中轴线部分有插榫。整圆天窗是把乌尼直接插入天窗边缘外圈的插孔中，后者则是将上端带穿绳孔的乌尼接合在陶脑外圈带穿绳孔的接口上，并用毛绳捆绑固定。从覆盖物上区分，冬季用毛毡覆盖，夏季则用芦苇杆或柳条编成围帘覆盖。从门上区分，有单扇门与双扇门的差异。其中，因陶脑是构建蒙古包的关键部件，其大小决定其他部件规格，进而制约蒙古包的大小，所以陶脑的差异是区分形制的最主要因素。

内蒙古博物馆藏

内蒙古自治区阴山格尔敖包沟岩画中的穹庐形象

南匈奴彩棺上的穹庐形象

内蒙古博物馆藏

彩棺上的穹庐形象

北朝

内蒙古博物馆藏

《胡笳十八拍》

此为南京博物院藏明代人临摹宋人陈居中
同名画卷《胡笳十八拍》中的两幅。描绘
了蔡文姬在匈奴生活的场景，画中穹庐形
制应为宋人仿当时契丹生活场景创作的。

《胡笳十八拍》画卷中的一幅

以22头犍牛拉一座帐幕。西方人鲁布鲁乞在他的游记中记述了他亲眼所见的 13 世纪以车拉载的大型蒙古包。这种战车用于战争，机动性极强。

图中描绘的是破晓时的进击。十几匹马拉一台大帐幕，这应是成吉思汗的指挥车，远处长城一线狼烟渺渺是守军发现正在逼近的蒙古大军时发出的求救信号。

草原上的豪华巨帐，为各部的首领议事并选举大汗，即召开"忽里勒台"之所。

蒙古民族毡庐文化

《佚名瑞应图卷》

———————————

长137.6厘米　宽26.7厘米
天津市艺术博物馆藏

此图根据宋高宗赵构中兴故事创作,传为南宋人萧照所绘,
描绘了用于行营的蒙古包。

《御座上的成吉思汗》

法国国立图书馆藏《世界史》中的插图。图中成吉思汗坐于斡耳朵前的宝座上。

《觐见蒙古大汗图》

伊朗人志费尼所著《世界征服者史》中的插图。画中窝阔台汗坐于斡耳朵前的宝座上。

这幅图描绘了18世纪土尔扈特人在伏尔加河流域的生活景象，图中反映了他们使用的蒙古包的结构。

《钦定皇舆西域图志》插图

此图是1782年成书的《钦定皇舆西域图志》中的插图。画中描绘了漠西蒙古厄鲁特人的生活场景，他们居住的蒙古包较高，顶部稍陡。

《乌什酋长献城降》

清
铜版画
长 93 厘米 宽 54 厘米
内蒙古博物馆藏

清乾隆皇帝派兵进攻准噶尔部与回部、取得胜利，特命人
绘《征回部》铜版画以志纪念。此图为其一，图中描绘了
用于军阵的蒙古包。

《凯宴成功诸将》

清
铜版画
长93厘米　宽54厘米
内蒙古博物馆藏

此图为《征回部》铜版画之一。图中可见行营中作指挥部
的蒙古包。

《草原的一天》局部

清末

画中描绘了清代草原上蒙古人游牧生产、衣食住行、婚育死葬及祭祀敬神的生活场景，蒙古包是他们最主要的居住形式。

《万树园赐宴图》

郎世宁、王致远绘
长419.6厘米　宽221.2厘米
故宫博物院藏

清乾隆皇帝为迎接蒙古土尔扈特部回归清朝，
特举办盛大宴会，蒙古包及帐幕用于庆典礼仪
活动。

《草原生活图》

———————

清
长 256.5 厘米　宽 125 厘米
内蒙古博物馆藏

《草原生活图》中的蒙古包形制

蒙古民族毡庐文化

清末民初时期成吉思汗陵中用于祭祀圣主英灵的八座蒙古包——八白室。

成吉思汗陵的蒙古包，门口置用于祭祀活动的长法号。

20世纪20年代蒙古国牧民居住的蒙古包。

20 世纪二三十年代西苏尼特旗德王府蒙古包。在包前加筑砖木制牌楼，以区别于普通蒙古包，显示包主的高贵地位。

20 世纪二三十年代乌兰察布盟沙贝子王府蒙古包群。

20世纪30年代蒙古王公在蒙古包前合影。左三为乌兰察
布盟达尔罕旗扎萨克亲王云端旺楚克。

20世纪二三十年代用芦苇杆覆盖的蒙古包。

在蒙古包天窗上另加有一个木制
小楼，既保暖又美观。

锡林郭勒盟苏尼特右旗扎萨克亲王用作
办公室的蒙古包。

在蒙古包前作法的萨满法师，其身后可见
以芦苇杆覆盖的蒙古包。

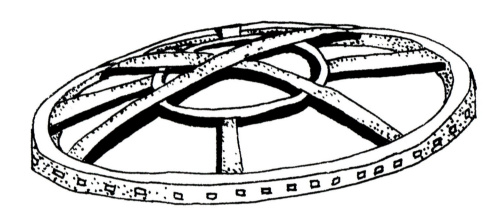

构成蒙古包主体三部分之一的包顶——天窗，蒙古语称"陶脑"。圆形，中间为通风和透光孔。外圈凿若干眼孔插顶杆。

构成蒙古包的伞状顶杆，蒙古语称"乌尼"。前端稍尖细，下端系绳拴扣于哈那片上，起支撑作用。

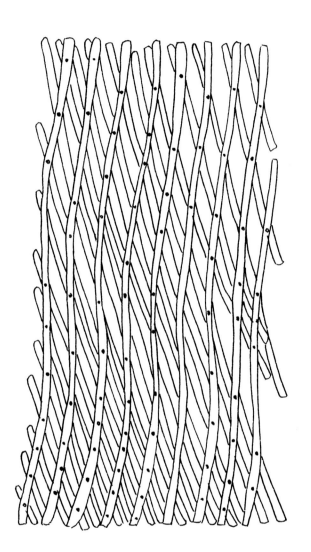

　　构成蒙古包的网状围壁，蒙古语称"哈那"。它是由粗细均匀、长短各异的红柳枝，分两层等距离交叉排列编结成一片片围壁。其片数多少决定蒙古包的大小。

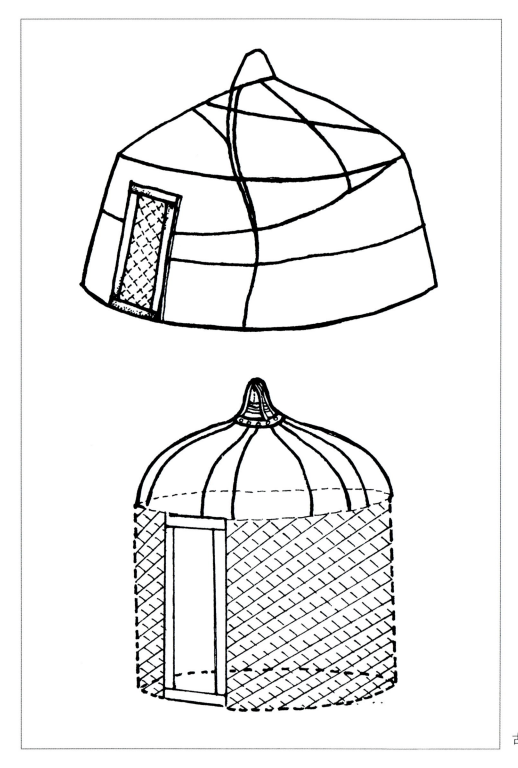

古代蒙古包，围壁高架、顶部稍陡。

现代新疆地区哈萨克族居住的蒙古包较高，且包顶尖陡。

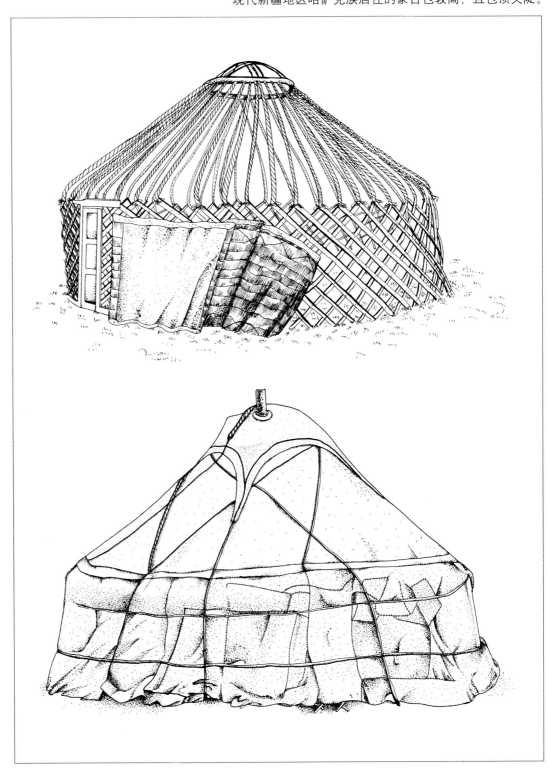

蒙古民族毡庐文化

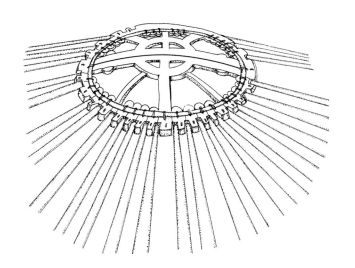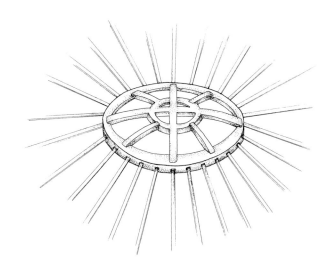

　　蒙古包从结构上分，有天窗与顶杆连在一起（左图）和天窗与顶杆
分开（右图）的两种类型，前者搬运方便，后者耐用。

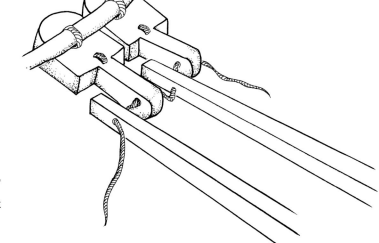

　　天窗外圈与乌尼连接示意图。这种天窗
把上端带穿绳孔的乌尼串联在陶脑外圈同样
带穿绳孔的接口上，用绳子穿连。

《草原的一天》局部

在清代就已出现天窗与顶杆连接在一起的
蒙古包。图中天窗可一分为二、搭建、搬
迁时更加方便。

蒙古包前的蒙古族贵族

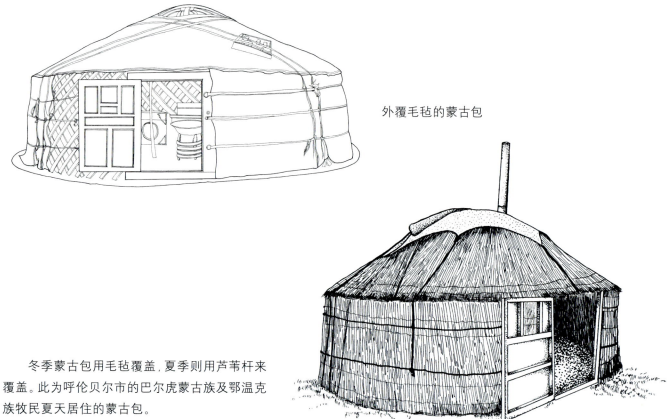

外覆毛毡的蒙古包

冬季蒙古包用毛毡覆盖，夏季则用芦苇杆来覆盖。此为呼伦贝尔市的巴尔虎蒙古族及鄂温克族牧民夏天居住的蒙古包。

蒙古包顶是晾晒奶豆腐的好地方

现代牧民居住的蒙古包

呼伦贝尔市的巴尔虎蒙古族、鄂温克族牧民夏天居住的蒙古包。

一 天窗（陶脑）

　　早期天窗（陶脑）形制，其尺寸是制作蒙古包时其他部件大小的决定因素。一般四片哈那的毡包，天窗的直径为80厘米。选用没有疖子、无弯曲的榆木、桦木，也有以檀香木制作的。

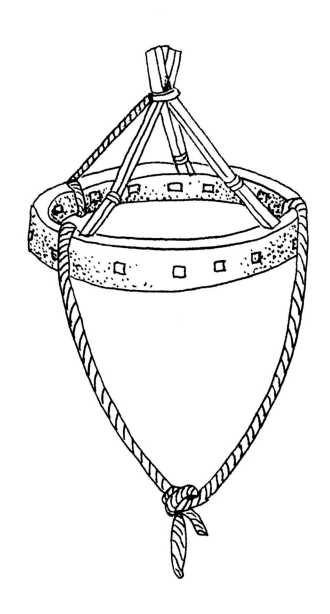

十字形天窗

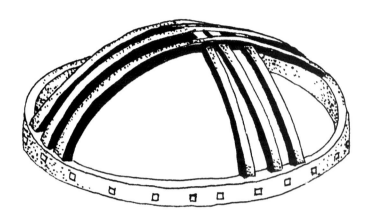

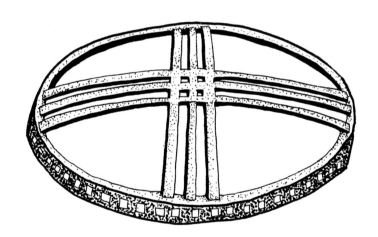

蒙古民族毡庐文化

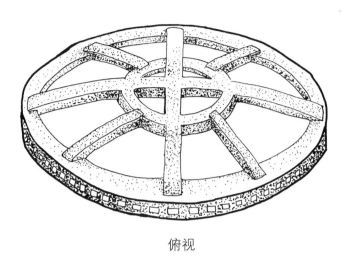

俯视

侧视

由两个同心圆组成，十字交木固定的天窗。

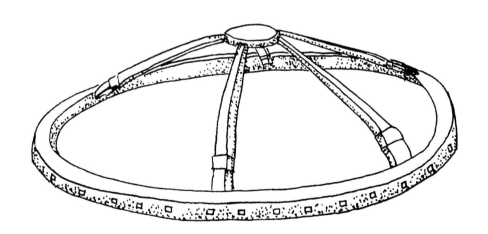

中心呈放射状图案的天窗

典型的由同心圆组成的豪华蒙古包天窗，四根立柱支撑，天窗顶覆豹皮。

雕刻神龙戏珠图案的天窗

蒙古民族毡庐文化

各种图案的天窗

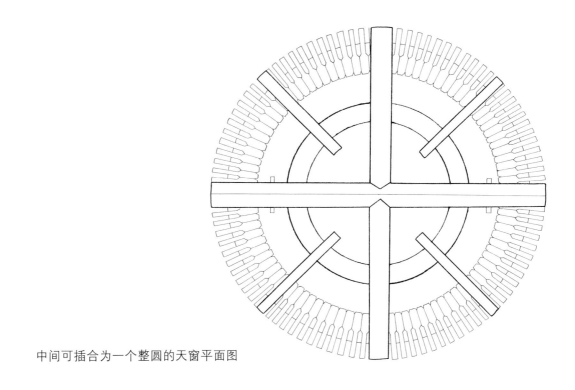

中间可插合为一个整圆的天窗平面图

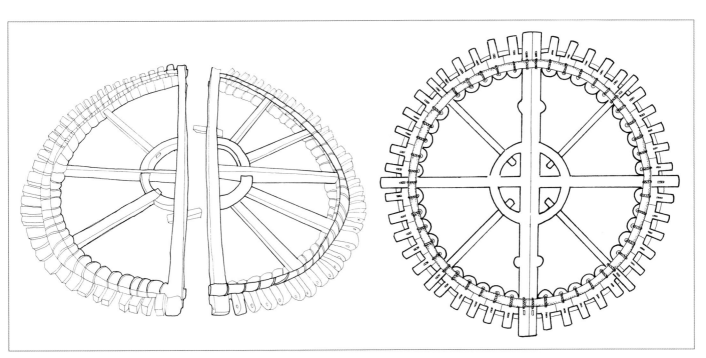

插榫形天窗，即可一分为二的天窗顶。

　　围壁（哈那）是由长短不等，粗细均匀的红柳枝，分两层等距交叉排列，排成一个个菱形图案的网壁。每根上有数个孔眼，用牛皮或驼皮条作钉，皮钉愈多，竖起来愈高，往长拉可能性愈小。哈那片数有四片、五片、六片等，多者达十片以上。

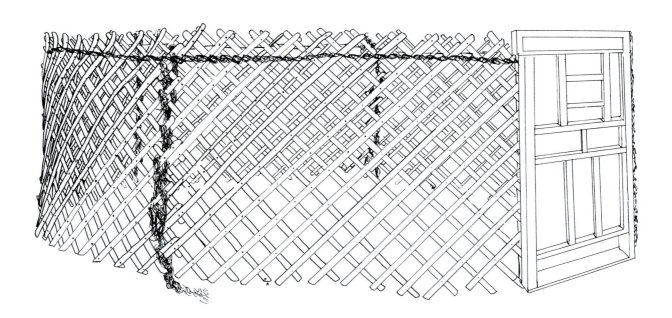

四片哈那的小型蒙古包

六至七片哈那的中型蒙古包，其高度在 250 厘米左右。

蒙古包门的演变

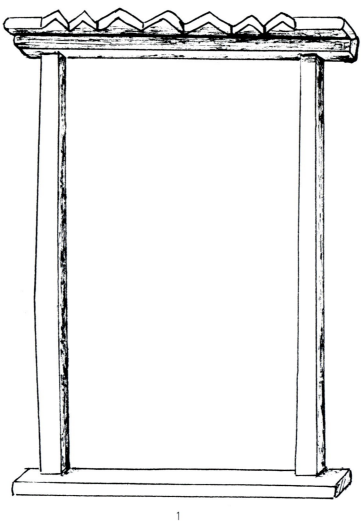

1

　　蒙古包原只有门框，悬挂门帘，垂下门帘即为关门。后发展为加木质门，有单扇门及双扇门两种。近代以来，蒙古包逐渐安装木门。气候寒冷时门帘与木门并用，温暖时只用木制两扇门或一扇门，门框与哈那的高度相等。

2

3

雕刻并彩绘万字纹图案的蒙古包门

用佛教吉祥图案装饰的蒙古包门，反映了藏传佛
教对蒙古人生活的影响。

蒙古民族毡庐文化

嵌浮雕荷花纹镶板牌楼门

清
松木
高150厘米　宽40厘米　厚5.5厘米
内蒙古自治区包头市刘玉功先生收藏

描金高浮雕人物故事纹门镶板（四块）

清
楸木
长36厘米　宽23厘米
内蒙古自治区包头市刘玉功先生收藏

蒙古包门的各种装饰图案

蒙
古
民
族
毡
庐
文
化

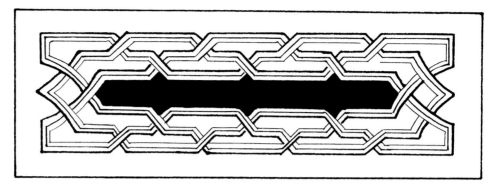

蒙古包门的各种装饰图案

　　八片哈那以上蒙古包需要包内置立柱。特别是天窗与顶杆串接在一起的蒙古包，比较容易下陷，包内立两根或四根柱子起支撑作用。

蒙古包内雕饰龙纹并施彩绘的立柱

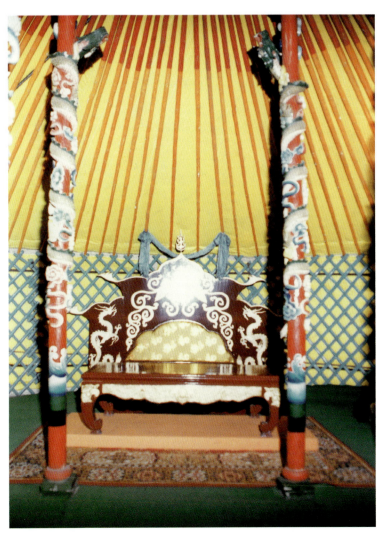

柱子的形制有圆形、六边形，其上雕
刻龙凤等吉祥纹饰并彩绘。

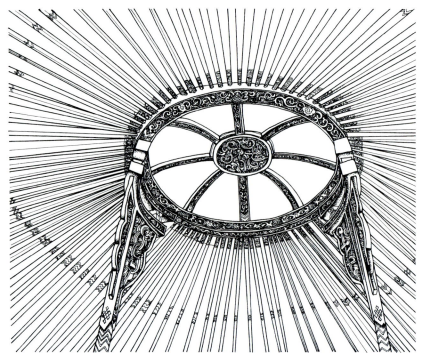

天窗上及顶杆前端雕刻卷草纹，并施彩绘。

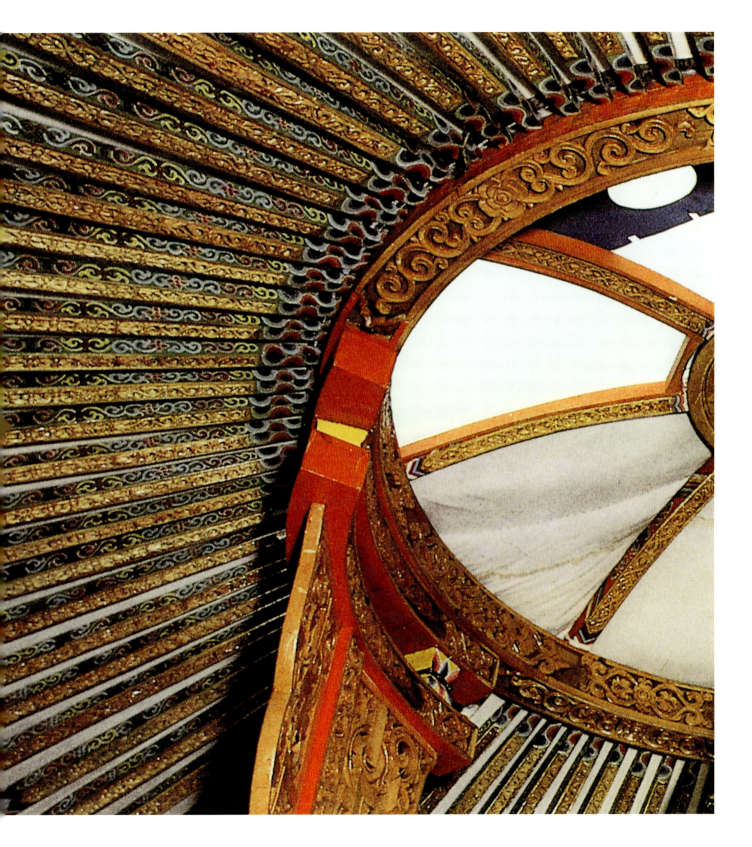

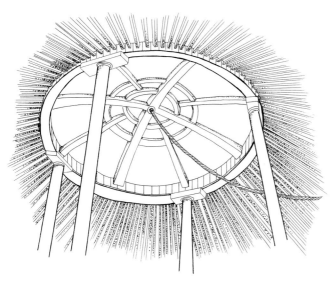
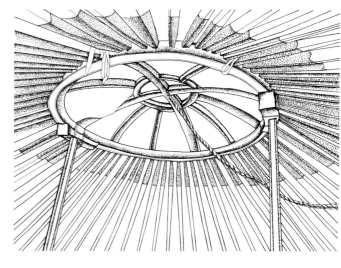

立柱上端与天窗接合处的形制多样，有圆
柱形、三叉形等。

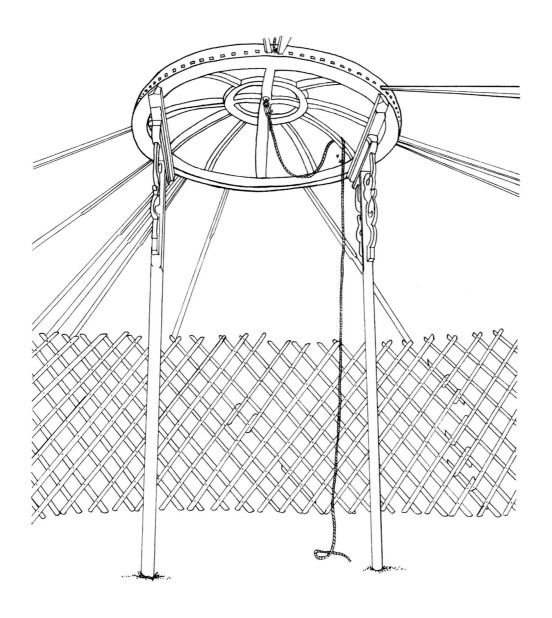

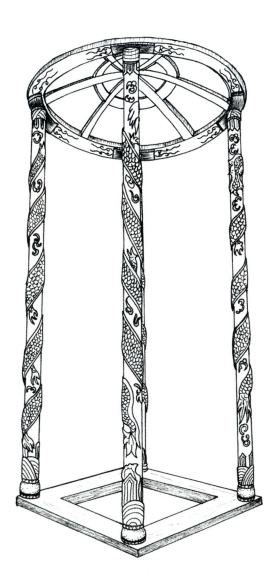

在包内地面圈围火撑的木框四周
打洞或置柱础，上端支撑陶脑于同一
水平支点上。

毡庐的毡毛装饰

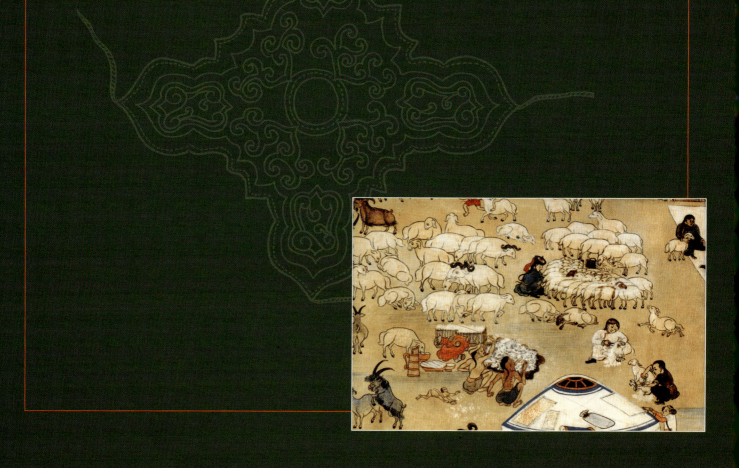

毡庐在架木形成骨干结构后，上覆围毡、顶毡、顶盖毡，并用毛绳捆束，包内铺设地毡。

围毡，蒙古语称"图日格"，是包裹在哈那外一周的毡片。其形呈长方形，五片哈那的蒙古包有两片或四片围毡。上边向内收，以便扣住乌尼头和哈那结合部位，用马鬃或马尾搓绳缝边。两竖边（与门框相接处）各有两股鬃绳以备拴系于哈那上固定。

顶毡，蒙古语称"德格布日"。形似扇面形，中间挖空，共两片。其宽与乌尼长度一致。均以马鬃绳缘边，两竖边均缝缀三道鬃绳用以系绑固定。

顶盖毡，蒙古语称"乌日和"，是围盖陶脑的毡片。一般为正方形，每角均缝缀鬃绳用以绑系固定。

还有两块毡条，一为"扎巴格"，一为"哈亚布其"。前者覆在门头与顶毡接合部的空隙，后者覆于哈那与地面接缝处，约35厘米宽，均以鬃毛绳镶边或在上面纳绣各种吉祥纹样。

在顶毡外部，还覆盖一层布质的外罩，它是蒙古包的装饰，而且也是包主人社会地位与身份的象征。常用红色或蓝色，其内圈与顶毡重合，垂吊四角，角缘镶边并裁剪制成如意云头纹或其他图案花边，其上绣饰盘肠、花卉等吉祥图案。远望洁白包顶似莲花盛开，祥云掠过。

包内铺陈地毡时，要将摆放家具的地方留出来。一般以四大块地毡铺地。富裕之家也有在包内做木床的，由四个圆弧状床箱组合而成，但要留出中间灶火的位置。

用来捆束蒙古包的绳子，根据其用途、种类不同，有围绳、压绳、捆绳等。围绳是为防止立架倒塌、捆束哈那的绳子，以马鬃、马尾搓成，分内外两层捆束。其捆束方法：用两股鬃绳六至八条，并排串缝成扁或圆的带子，蒙古语称"乌雅"，在搭建立架和覆好毛毡时分别捆围哈那。压绳也有捆缚乌尼立架和苦毡的不同，前者是保持陶脑不下陷或上翘，后者绑缚于围毡外，一般为三根，蒙古语称"布斯鲁日"。捆绳是捆绑相邻两片哈那的细绳。坠绳是将陶脑两横木捆上垂下的绳子，用驼毛或马鬃尾搓成。遇大风来袭时将绳拉紧，或坠上石头等重物。

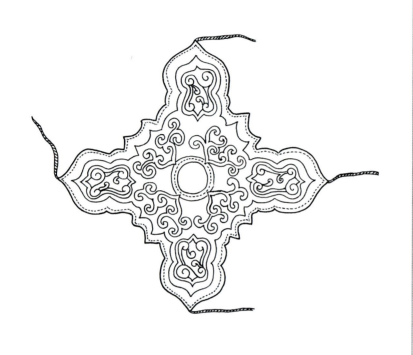

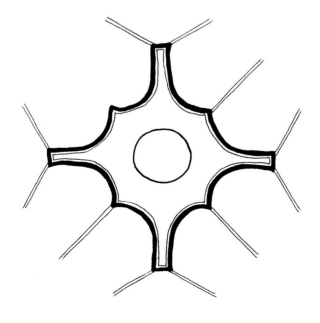

十字形顶毡，蒙古语称"库力图日格"。它是由蒙古包上面另外覆盖的布帐篷发展而来，其形酷似绽放的莲花。

在围毡外再覆十字形顶毡装饰，上绣二龙戏珠纹。

蒙古民族毡庐文化

蒙古包顶毡绣花纹样

在围毡顶直接刺绣云纹顶毡图案

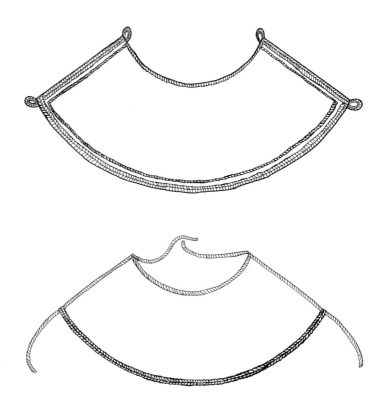

顶盖，蒙古语称"德布日"，包顶由两个半圆
形毡片围合而成，随季节变化增减围毡薄厚及数
量，夏天一般用两层，冬天则增至三层。

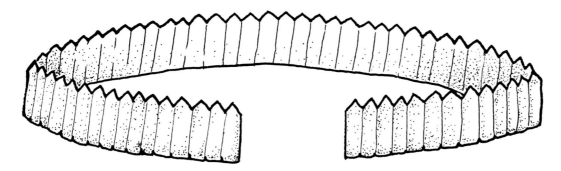

木制地脚围

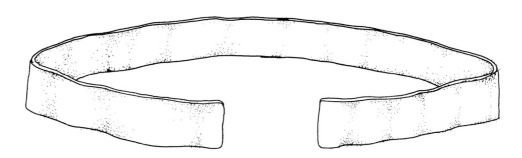

毡制地脚围

地脚围,木质或毡质,封护于蒙古包外与地面接合处,用以保暖。

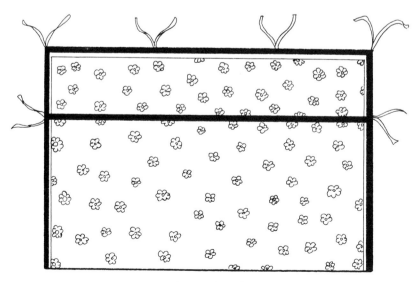

蒙古包内哈那衬围

在蒙古包门帘上方挂一小块长方形帘子，蒙古语称"道途嘎布其"，用来遮盖房门与顶毡之间的缝隙。

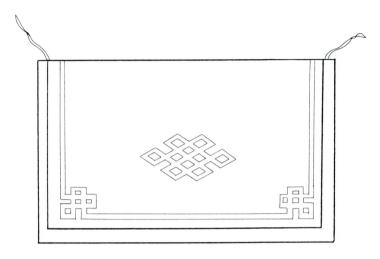

蒙古包门上的"道途嘎布其"

清代绘画《草原的一天》中蒙古包毡门

蒙古民族毡庐文化

20 世纪二三十年代蒙古包的毡门

现代蒙古包门帘

蒙古民族毡庐文化

蒙古包门帘图案

蒙古包门帘图案

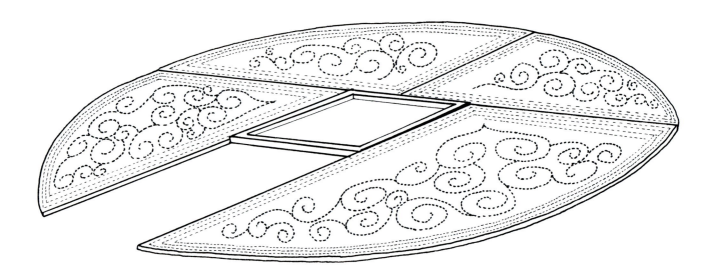

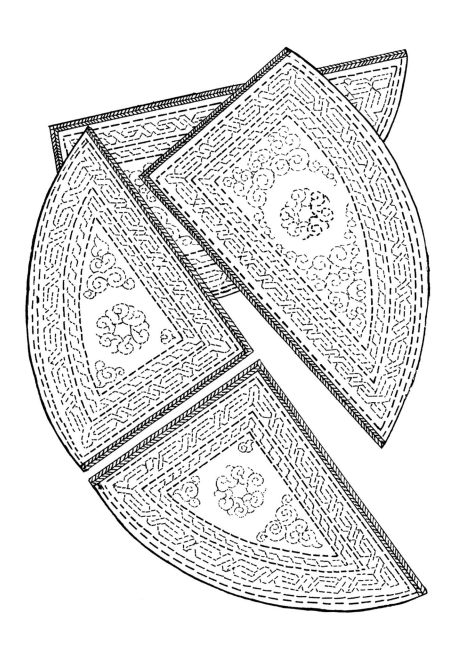

包内地毡由四部分组成，中间留空置灶火。

蒙古民族毡庐文化

地毡图案

叁 · 毡庐的毡毛装饰

地毡图案

擀毡、制毡过程

1. 擀毡过程中剪羊毛

2. 擀毡过程中打羊毛

3. 絮羊毛

4.打卷

5.擀毡

蒙古民族毡庐文化

剪羊毛

笊羊绒

蒙古民族毡庐文化

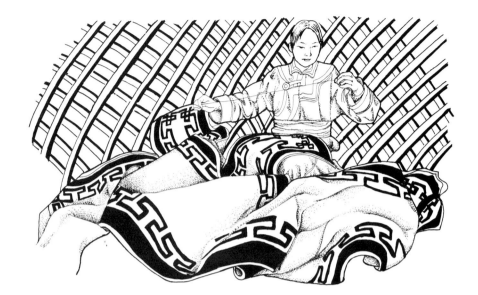

绣纹样

缝制蒙古包门帘

缝制蒙古包围毡

蒙古族妇女在围毡上绘制纹样

蒙古族妇女按照绘好的纹样绣花

蒙古族妇女用驼毛线在毡上绣花

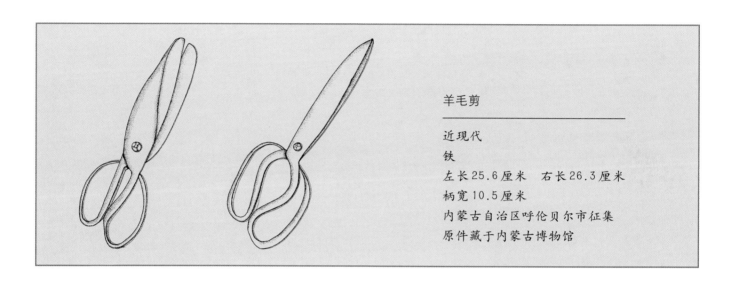

羊毛剪

近现代
铁
左长25.6厘米　右长26.3厘米
柄宽10.5厘米
内蒙古自治区呼伦贝尔市征集
原件藏于内蒙古博物馆

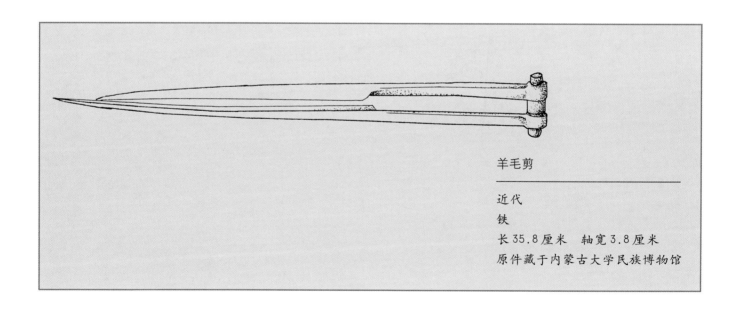

羊毛剪

近代
铁
长35.8厘米　轴宽3.8厘米
原件藏于内蒙古大学民族博物馆

打羊毛工具

近现代
木
长约110厘米
原件藏于内蒙古博物馆

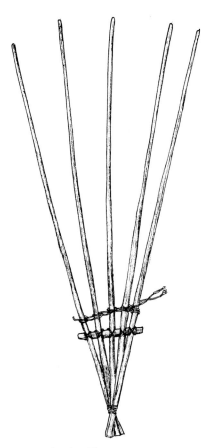

打毛工具

近现代
竹
长70厘米
原件藏于内蒙古博物馆

蒙古民族毡庐文化

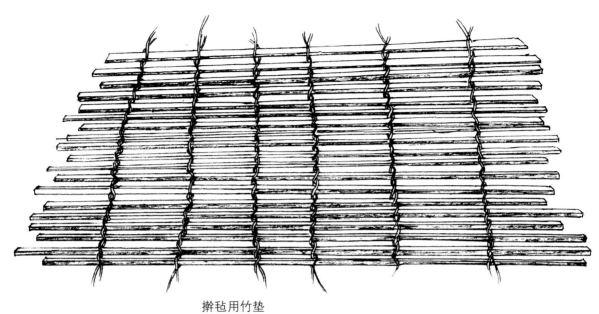

擀毡用竹垫

——————

近现代
竹
长142厘米　宽133厘米
原件藏于内蒙古博物馆

卷草纹印花模具

——————

近现代
木
长23.8厘米　宽17.2厘米
厚8.4厘米
原件藏于内蒙古博物馆

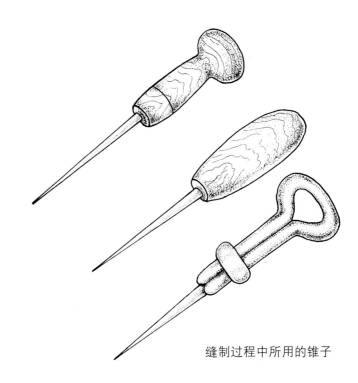

蒙古族妇女缝纫中使用的独特顶针

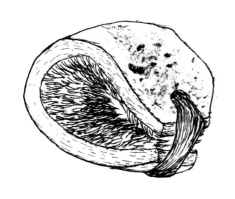

缝制过程中所用的锥子

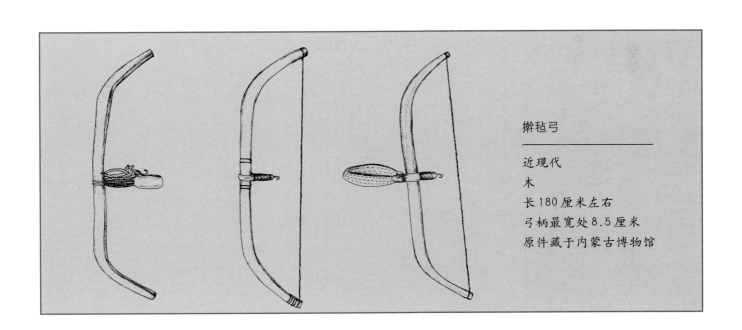

擀毡弓
_____

近现代
木
长180厘米左右
弓柄最宽处8.5厘米
原件藏于内蒙古博物馆

挽缚蒙古包的各种捆绳

牧民生产、生活中使用的各种用途的绳子

叁·毡庐的毡毛装饰

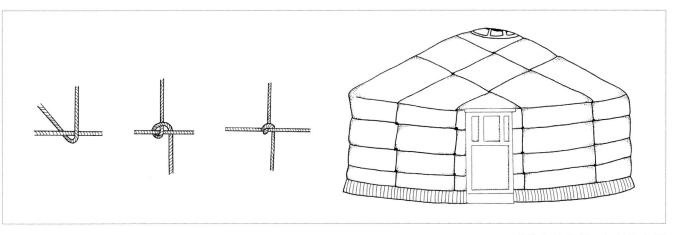

蒙古包外捆绳、打结示意图

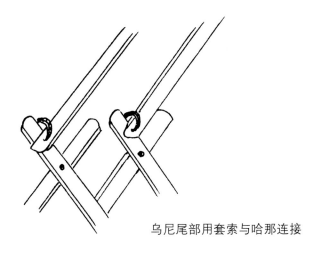

乌尼尾部用套索与哈那连接

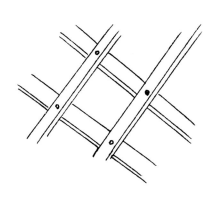

哈那片上木杆之间以皮钉进行固定

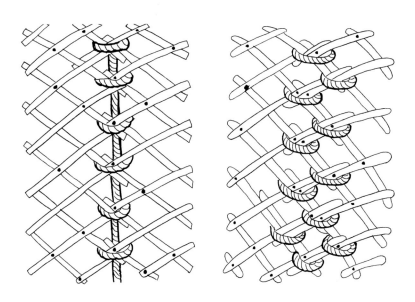

哈那相互连接处结绳示意图

蒙古民族毡庐文化

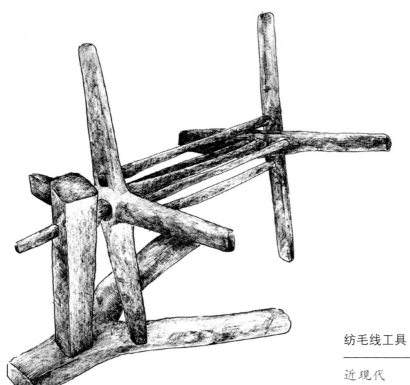

纺毛线工具

近现代

木

长76厘米　轴宽64厘米　高80厘米

原件藏于内蒙古博物馆

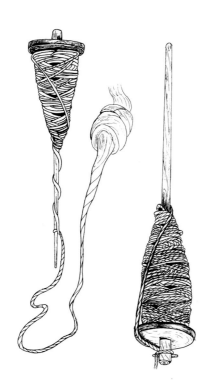

捻线棒

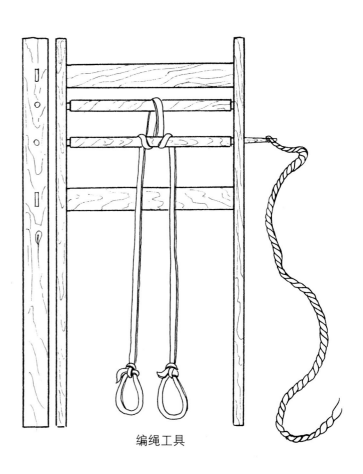

编绳工具

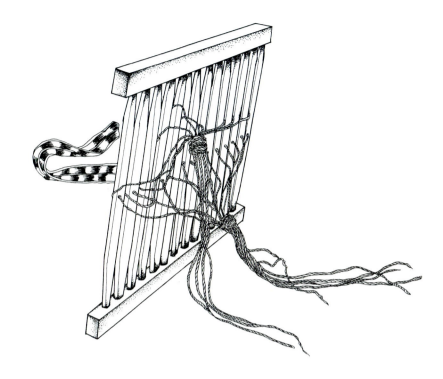

结绳工具

近现代
木
长45厘米　宽36厘米
原件藏于内蒙古博物馆

蒙古族老妇正在搓绳

蒙古族老妇正在捻线

搭建一座蒙古包的过程

1

2

5

6

9

10

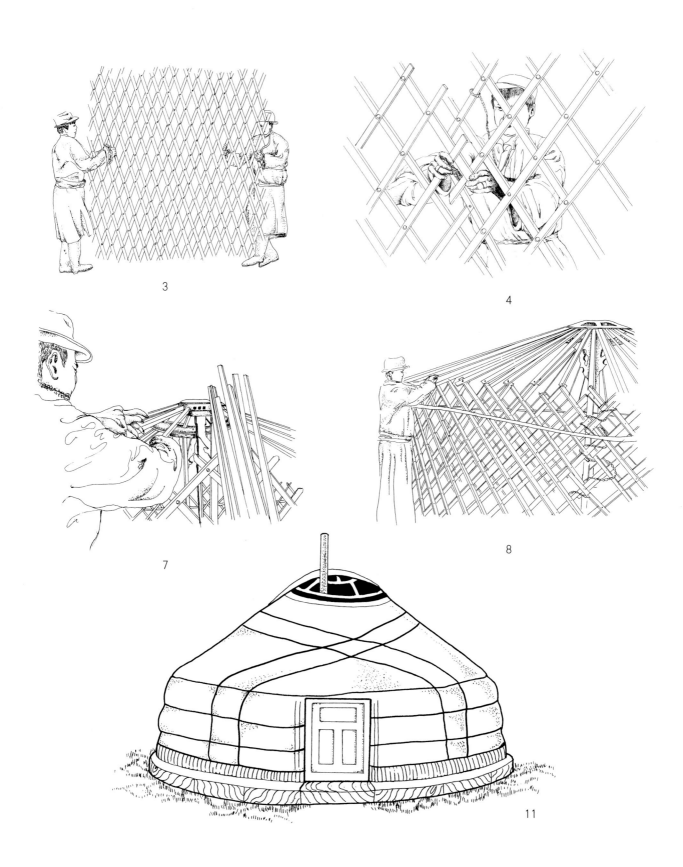

3

4

7

8

11

蒙古族妇女、儿童搭建蒙古包

草原牧人搬迁、转徙后，搭建蒙古包。

搭建蒙古包

牧民在搭建一座现代蒙古包

肆 毡庐的内部陈设

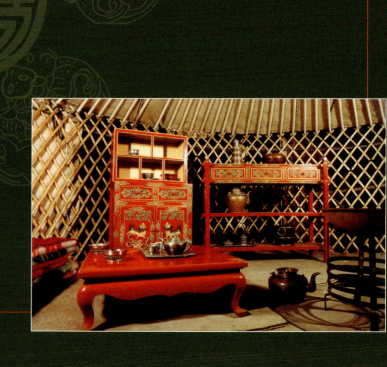

毡庐内部摆陈早期较为简单，在清代，家具陈设日趋讲究。除日常生活所需的家具外，佛龛（佛柜）等敬佛用品摆陈于包内特定位置，此外还有灶具、马具、奶具等日用品，但所有家什物品的摆放，均有一定的规矩。

蒙古包内家具主要分为柜、橱、箱、桌、架等。由于常年的游牧转徙，家具的形体均不太大，遇迁徙时以车载之，极其便捷。选材是草原上易得的榆、椴、桦等材质，多选取大红、紫红等颜色为主色调，并加彩绘进行家具的装饰。装饰纹样多用龙、狮、虎等动物纹和花卉植物纹，以及大量佛教吉祥图案。

蒙古包中佛龛或佛柜摆陈于包内西北方或北方，佛柜的装饰也十分考究，尽显蒙古族崇奉藏传佛教的信仰追求。

顶箱柜多成对摆陈，下有橱，上为顶箱。施红彩描金，上绘人物故事、狮虎等威猛动物、八仙吉祥图案或四季花卉。纹样精美、生动，刻画细致。父亲的箱子摆放于西北角，紧挨着佛柜，母亲的箱子置于包内东北方向，儿子及儿媳的箱子放于西侧。

立橱，式样很多，多为双层，两开门。红色、紫红色多见，也用金彩描绘图案。用以摆放各种杂物或上置碗柜，日常生活中所用的铜茶壶、银酒壶、银碗等器皿陈列其中，一般摆放于包内东侧。

桌子及小凳，体积轻巧，造型古朴，在桌面及束腰部加绘莲瓣纹装饰。另有抽拉式小盒，制作精致，既可收纳妇女首饰及其他杂物，又可放在地毡上作小桌使用。

蒙古包内各种家什的摆放也有一定的规矩，不可错置。受早期信奉萨满教的影响，灶火一般是设于蒙古包内中心位置，因为蒙古族家庭对于火极为崇拜，火占据着至高无上的位置。火撑、火剪等物品摆放在灶火附近。蒙古包内以烧牛粪或马粪取暖，粪箱是盛装牛马粪的箱子，放在灶火东南，施红彩，上绘花草纹。

蒙古包内西半边为男人用物，如狩猎、征战的鞍马器具置于西南方，制作酸奶的皮囊也置于此，这与蒙古族早期多处于战争状态，男子使用此物制作奶酒有关。在这侧哈那上用狍角或木叉制成的钩子上挂马笼头、马嚼、马鞭、马绊等马具，其他如弓箭、马头琴等物，均放置于此。

妇女物品包括衣物、首饰及化妆品等摆放于蒙古包内的东南方。

盛放奶制品的容器多置于蒙古包门内东侧。

一　家具溯源

《觐见蒙古大汗图》（右图）及《蒙古大汗宴会图》（左图），
从中可见蒙古族早期家具形制。

《宴居图》

元
长210厘米　宽70厘米
内蒙古自治区乌兰察布盟凉城县崞县天子乡元墓壁画

图中描绘墓主人生前的生活场景，方桌等家具形制清晰可见。

红底描金人物故事纹木箱（一对）

清

松木

内蒙古自治区阿拉善盟征集

曾由内蒙古自治区包头市刘玉功先生收藏，现已流失。

红底彩绘双狮蝴蝶纹木箱

———————————

清

木

原件曾由内蒙古自治区包头市
刘玉功先生收藏，现已流失。

红底彩绘龙凤呈祥纹木箱

———————————

清

松木

原件曾由内蒙古自治区包头市
刘玉功先生收藏，现已流失。

红底彩绘四艺八宝纹木箱

清

松木

长49.5厘米　宽32.5厘米　高32.5厘米

内蒙古自治区包头市刘玉功先生收藏

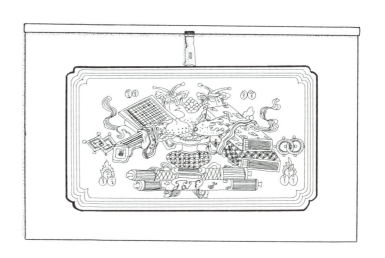

蒙古民族毡庐文化

顶面

箱正面

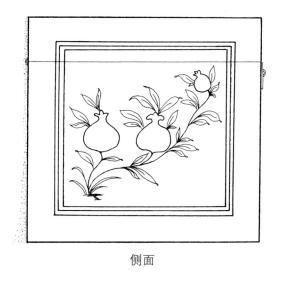

侧面

侧面

红底彩绘福寿八宝纹木盖箱

清
松木
长41.5厘米 宽25.5厘米 高25.5厘米
原件由内蒙古自治区包头市刘玉功先生收藏

红底彩绘放牧图木箱（一对）

清

松木

内蒙古自治区阿拉善盟征集

曾由内蒙古自治区包头市刘玉功先生收藏，现已流失。

黄底彩绘狮纹木箱（一对）

清
松木
原件由内蒙古自治区包头市刘玉功先
生收藏

红底彩绘五蝠捧寿牡丹纹木箱

清
松木
长58厘米　宽33.5厘米　高36厘米
原件由内蒙古自治区包头市刘玉功先
生收藏

红底彩绘描金博古纹木箱（一对）

近代

松木

长68厘米　宽37厘米　高39厘米

内蒙古自治区包头市刘玉功先生收藏

红底彩绘双狮蝴蝶纹木箱

近现代
松木
长86厘米　宽50厘米　高61.5厘米
内蒙古自治区包头市刘玉功先生收藏

红底彩绘宝瓶福寿三多纹木箱

近代

木

长41.5厘米　宽25.5厘米　高25.5厘米

曾由内蒙古自治区包头市刘玉功先生收藏，现已流失。

蒙古民族毡庐文化

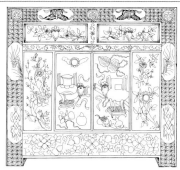

红底彩绘博古纹木箱（一对）

清

松木

原件曾由内蒙古自治区包头市刘玉功
先生收藏，现已流失。

红底彩绘四艺纹木橱（一对）

清

松木

原件曾由内蒙古自治区包头市刘玉功
先生收藏，现已流失。

红底彩绘博古纹木箱（一对）

清

松木

原件曾由内蒙古自治区包头市刘玉功先生收藏，现已流失。

红底彩绘喜鹊登枝纹木橱（一对）

清

松木

原件曾由内蒙古自治区包头市刘玉功先生收藏，现已流失。

蒙古民族毡庐文化

红底彩绘博古纹木箱（一对）

近代
木
长70厘米　宽44.5厘米　高47.6厘米
原件藏于内蒙古博物馆

红底彩绘平安富贵纹木橱（一对）

近代
木
长76.8厘米　宽44.5厘米　高80.5厘米
原件藏于内蒙古博物馆

红底彩绘龙凤蝴蝶纹木箱（一对）

近代
松木
长77.5厘米　宽44厘米　高51厘米
内蒙古自治区包头市刘玉功先生收藏

红底描金荷花双狮纹木橱（一对）

近代

松木

长76厘米　宽44.5厘米　高76.5厘米

内蒙古自治区包头市刘玉功先生收藏

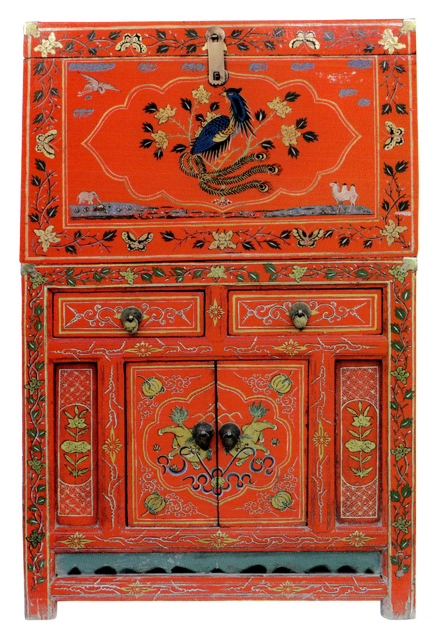

红底彩绘宝瓶花蝶纹木箱（一对）

近代
木
长76厘米　宽44厘米　高46厘米
原件藏于内蒙古博物馆

红底彩绘宝瓶花蝶纹木橱（一对）

近代
木
长76厘米　宽47.8厘米　高76厘米
原件藏于内蒙古博物馆

红底绿屉描金平安富贵纹木橱（一对）

近代

松木

长76厘米 宽44.5厘米 高65厘米

内蒙古自治区包头市刘玉功先生收藏

红底彩绘龙凤纹木箱（一对）

近代

松木

长80厘米　宽50厘米　高40厘米

内蒙古自治区包头市刘玉功先生收藏

红底彩绘博古纹木箱（一对）

近代
木
长79厘米　宽44.3厘米　高47厘米
原件藏于内蒙古自治区阿拉善盟

红底彩绘平安富贵纹木橱（一对）

近代
木
长79厘米　宽45厘米　高79厘米
原件藏于内蒙古自治区阿拉善盟

红底彩绘狮纹木架箱

清
木
原件曾由内蒙古自治区包头市
刘玉功先生收藏，现已流失。

红底彩绘博古纹木架箱

清
木
原件曾由内蒙古自治区包头市
刘玉功先生收藏，现已流失。

蒙古民族毡庐文化

绿底彩绘花卉纹箱架

清
松木
长89厘米　宽56厘米　高24厘米
内蒙古自治区包头市刘玉功先生收藏

红底彩绘二龙戏珠纹木箱

清

木

原件曾由内蒙古自治区包头市
刘玉功先生收藏，现已流失。

黑底彩绘人物吉祥纹连箱橱

清

木

长82厘米　宽46厘米

高92.5厘米

原件藏于内蒙古博物馆

蒙古民族毡庐文化

侧面

红底彩绘花卉纹小橱

清

松木

长42.5厘米　宽28厘米　高22厘米

内蒙古自治区包头市刘玉功先生收藏

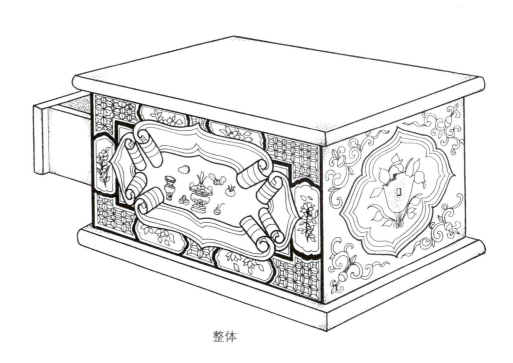

整体

四面彩绘四艺八宝纹插板橱

清

松木

长52厘米　宽32厘米　高35厘米

内蒙古自治区包头市刘玉功先生收藏

正面图案

背面图案

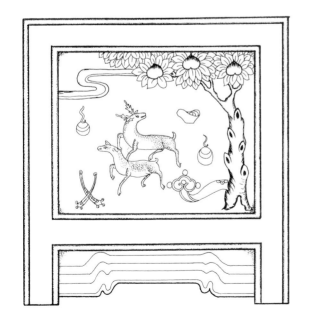

侧面图案

蒙古民族毡庐文化

红底彩绘平安富贵闷户橱

清
松木
长64厘米　宽24厘米　高50厘米
内蒙古自治区包头市刘玉功先生收藏

红底绿屉二龙戏珠纹对开门挂牙橱

清

松木

长85厘米　宽48.5厘米　高83.5厘米

内蒙古自治区包头市刘玉功先生收藏

正面

背面

凤戏牡丹双喜纹挂牙橱

贵纹木橱

8.5厘米　高47厘米

市刘玉功先生收藏

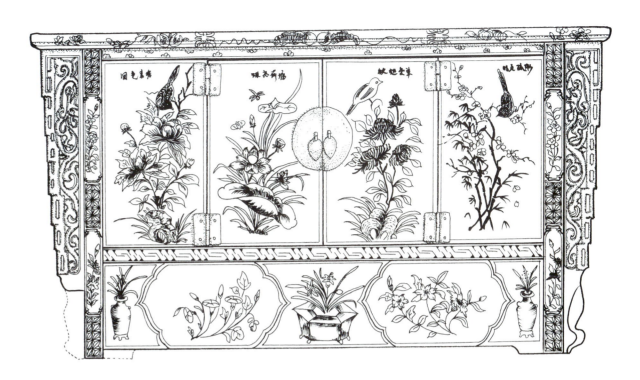

红底花卉纹透雕挂牙橱

清

松木

长175厘米　宽65厘米　高96.5厘米

内蒙古自治区包头市刘玉功先生收藏

红底彩绘宝珠纹挂牙橱

清
松木
原件曾由内蒙古自治区包头市刘玉功
先生收藏，现已流失。

红底彩绘双狮纹木橱

清
松木
原件曾由内蒙古自治区包头市
刘玉功先生收藏，现已流失。

红底描金宝相花纹木橱

清
松木
长42.5 厘米　宽39.5 厘
内蒙古自治区包头市刘玉

红底彩绘二龙戏珠纹木橱

清

松木

长65.5厘米　宽35.5厘米　高70.5厘米

内蒙古自治区包头市刘玉功先生收藏

蒙古民族毡庐文化

红底彩绘嵌浮雕人物故事纹木橱

清

松木

长 82.5 厘米　宽 46 厘米　高 50 厘米

内蒙古自治区包头市刘玉功先生收藏

正面镶嵌五块浮雕，背面彩绘狮子舞绣球。侧有屉，已缺失。

正面图案

侧面图案

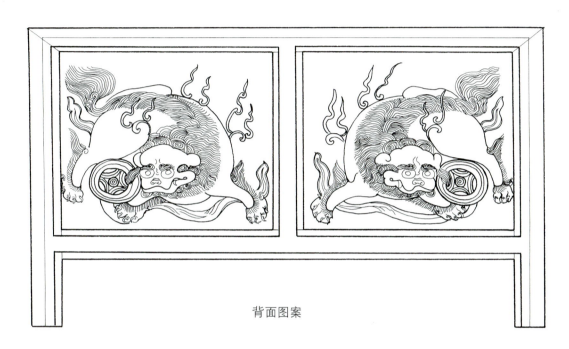

背面图案

红底绘双喜纹对开门木橱

清

松木

长58.5厘米　宽33厘米　高57厘米

内蒙古自治区包头市刘玉功先生收藏

蒙古民族毡庐文化

黄底彩绘平安富贵纹木橱

清

木

原件曾由内蒙古自治区包头市刘玉功
先生收藏，现已流失。

蒙古民族毡庐文化

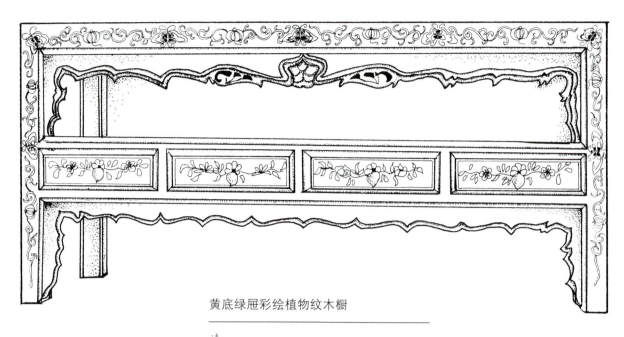

黄底绿屉彩绘植物纹木橱

清
木
原件曾由内蒙古自治区包头市刘玉功
先生收藏，现已流失。

彩绘寿字纹木橱

清
木
长79.4厘米　宽39厘米　高93.5厘米
内蒙古大学民族博物馆藏

红底彩绘花卉纹木橱

清
木
长80厘米　宽40厘米　高94.5厘米
原件藏于内蒙古大学民族博物馆

黄底彩绘二龙戏珠纹木橱

清
柏木
原件曾由内蒙古自治区包头市刘玉功
先生收藏，现已流失。

红底彩绘宝瓶花卉纹木橱

清

木

曾由内蒙古自治区包头市刘玉功先生
收藏，现已流失。

蒙古民族毡庐文化

黄底彩绘宝瓶花卉纹木橱

清

松木

原件曾由内蒙古自治区包头市刘玉功
先生收藏，现已流失。

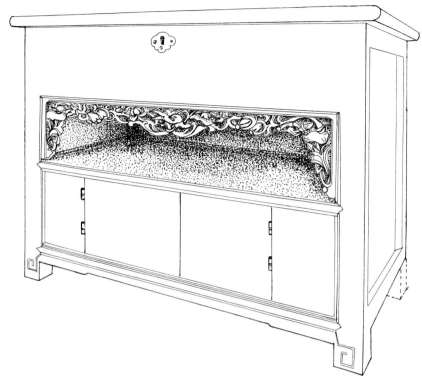

黑色透雕卷草纹木橱

清
木
长 111.5 厘米　宽 64 厘米　高 99 厘米
原件藏于内蒙古博物馆

黄底彩绘透雕博古纹木橱

近代
木
原件曾由内蒙古自治区包头市刘玉功
先生收藏，现已流失。

红底彩绘卷草纹木橱

近代
木
原件藏于蒙古国民族历史
博物馆

红底彩绘植物纹木橱

近代
木
原件藏于蒙古国民族历史
博物馆

绘福寿纹图案木橱

红底描金宝瓶花卉纹木橱

近代

木

长41厘米　宽10.4厘米　高95厘米

原件藏于内蒙古自治区阿拉善盟

红底彩绘描金平安富贵纹木橱

近代
松木
长86厘米　宽35厘米　高48.5厘米
原件藏于内蒙古博物馆

红底彩绘双狮纹木橱

近现代
木
长66厘米　宽39.2厘米　高72.5厘米
原件藏于内蒙古博物馆

彩绘透雕四龙首梳妆台

清

柏木

曾由内蒙古自治区包头市刘玉功先生收藏，
现已流失。

佛柜图案

红底彩绘凤戏牡丹纹翘头橱案

清

柏木

长200厘米　宽97.6厘米　高60厘米

内蒙古自治区包头市刘玉功先生收藏

佛龛
_____

清

杨木

长109厘米　宽15.5厘米　高97.5厘米

原件由内蒙古自治区包头市刘玉功先生
收藏

佛龛最初用于供佛、敬神，后
来牧民用来盛放碗等食具

红底描金花卉纹供佛箱

清

松木

长63厘米　宽35厘米　高35.5厘米

内蒙古自治区包头市刘玉功先生收藏

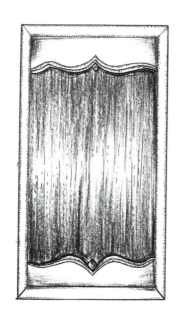

便携式佛龛

清

水曲柳

长32厘米　宽18厘米　高9.5厘米

原件由内蒙古自治区包头市刘玉功先生收藏

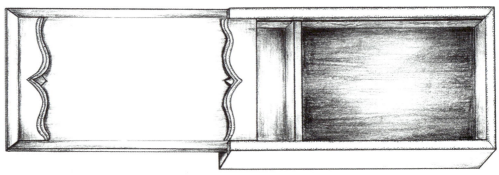

红底彩绘八宝纹佛箱

近代
水曲柳
长70厘米　宽27厘米　高38厘米
原件藏于内蒙古博物馆

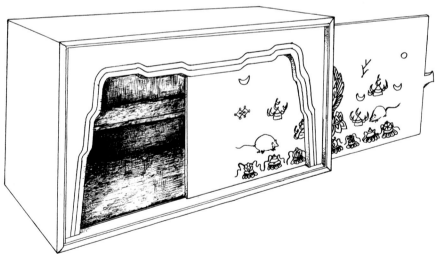

红底雕海兽狮纹供佛桌

清
木
原件藏于蒙古国民族历史博物馆

红底彩绘宝珠纹供桌

清
椴木
原件曾由内蒙古自治区包头市
刘玉功先生收藏，现已流失。

红底雕回纹内翻马蹄式矮桌

清
松木
长84厘米　宽43厘米　高28.5厘米
内蒙古自治区包头市刘玉功先生收藏

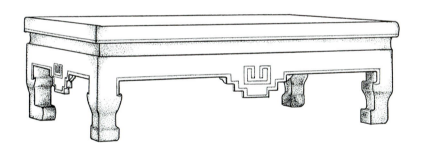

蒙古民族毡庐文化

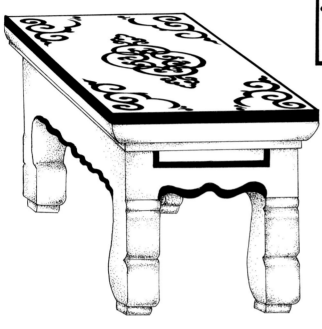

红底彩绘卷云纹小桌

———————————

现代

木

长40厘米　宽19.8厘米　高20厘米

原件藏于内蒙古博物馆

红底彩绘卷草纹小桌

———————————

近代

木

原件藏于蒙古国民族历史博物馆

红底描金龙纹方桌图案

清
松木
原件曾由内蒙古自治区包头市
刘玉功先生收藏，现已流失。

绘福寿纹方桌图案

蒙古民族毡庐文化

各种桌面图案

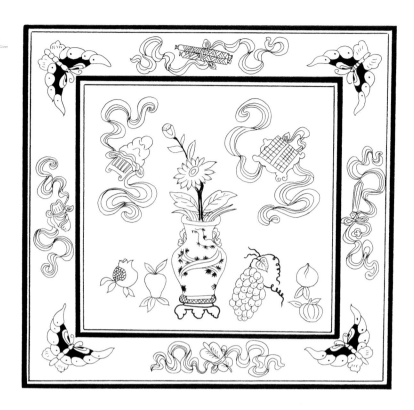

肆·毡庐的内部陈设

蒙古民族毡庐文化

盒子顶面

盒子侧面

盒子立面

红底彩绘花鸟纹盒 （一对）

清
椴木
长28厘米　宽19.5厘米　高120厘米
原件由内蒙古自治区包头市刘玉功先生收藏

黑底彩绘荷花牡丹纹盒（一对）

清
松木
长37.5厘米　宽20厘米　高18厘米
内蒙古自治区包头市刘玉功先生收藏

红底剔划双喜植物纹盒

清

榆木

长31厘米　宽15.5厘米　高14.5厘米

内蒙古自治区包头市刘玉功先生收藏

红彩文具盒

清

松木

长25.5厘米　宽14.5厘米　高14厘米

内蒙古自治区包头市刘玉功先生收藏

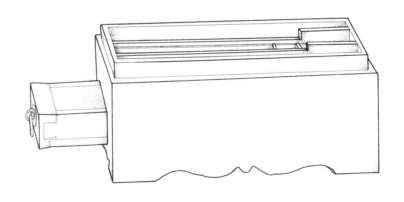

蒙古民族毡庐文化

红底彩绘花卉纹提梁食盒

清

木

原件曾由内蒙古自治区包头市刘玉功先
生收藏，现已流失。

蒙古包内使用长方形木盒放置碗等日用品，体积小，方便实用。

彩绘狮纹木食盒

清

木

长37.5厘米　宽18厘米　高17.5厘米

原件藏于内蒙古大学民族博物馆

侧面图案

正面图案

红底彩绘卷草纹木盒（一对）

近代

木

长34厘米　宽17厘米　高18厘米

原件藏于内蒙古博物馆

蒙古民族毡庐文化

侧面

侧面

顶面

侧面

侧面

红彩绘莲花八吉祥纹木盒（一对）

近代

木

长40厘米　宽20厘米　高19.8厘米

原件藏于内蒙古博物馆

抽屉面图案

红底描金花卉纹木橱

————————————

近现代
木
长66厘米　宽27厘米　高45厘米
原件藏于内蒙古博物馆

红底彩绘卷草纹碗橱

————————————

近现代
木
长123厘米　宽39厘米　高100厘米
原件藏于内蒙古博物馆

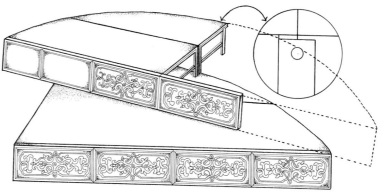

蒙古包内的地床

蒙古民族毡庐文化

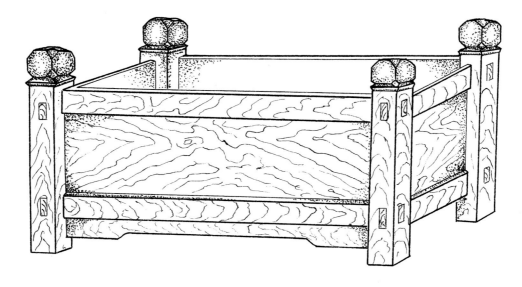

粪箱

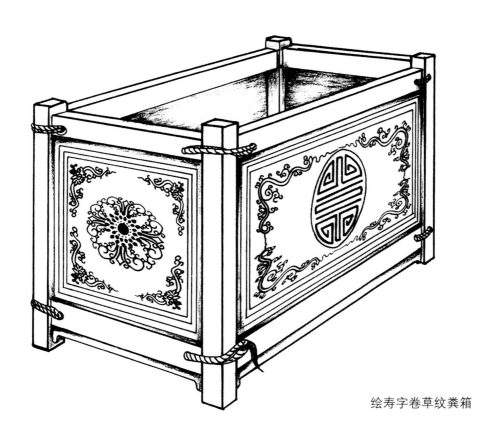

绘寿字卷草纹粪箱

红底彩绘植物纹粪箱

现代
木
长53.3厘米　宽32.2厘米　高47厘米
原件藏于内蒙古博物馆

侧面图案

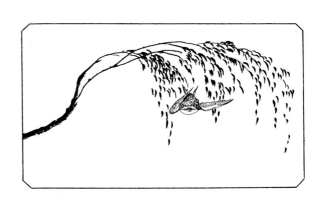

背面图案

红底彩绘瓜迭绵绵纹火盆架

清

木

内蒙古自治区包头市刘玉功先生收藏

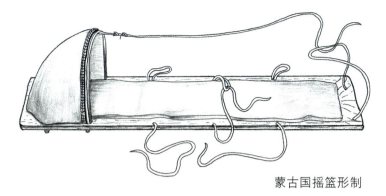

蒙古国摇篮形制

摇篮中的婴儿

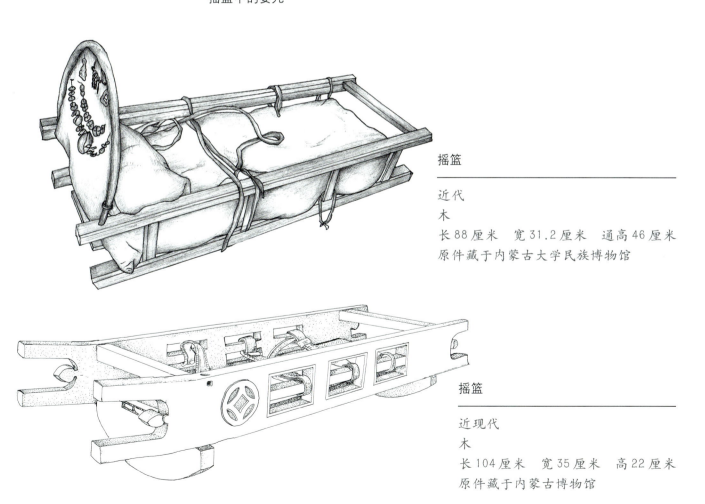

摇篮

近代
木
长88厘米　宽31.2厘米　通高46厘米
原件藏于内蒙古大学民族博物馆

摇篮

近现代
木
长104厘米　宽35厘米　高22厘米
原件藏于内蒙古博物馆

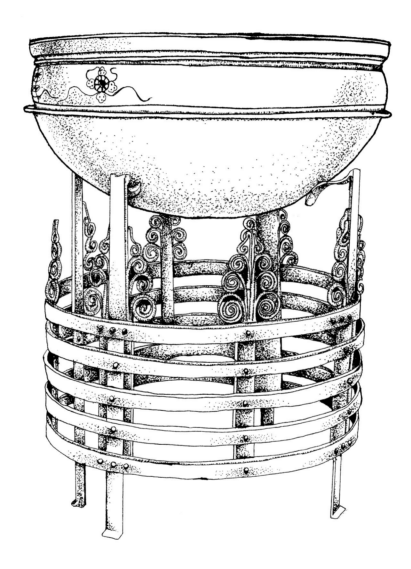

蒙古民族毡庐文化

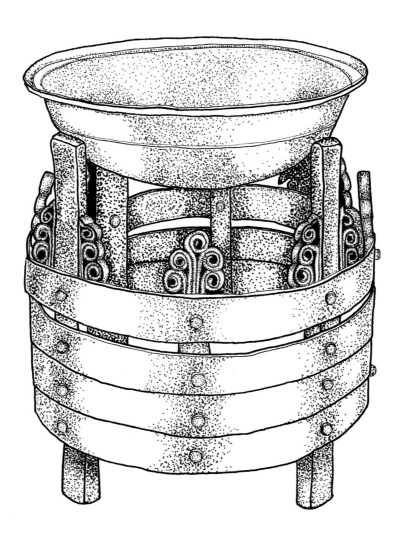

铁火撑及铁锅

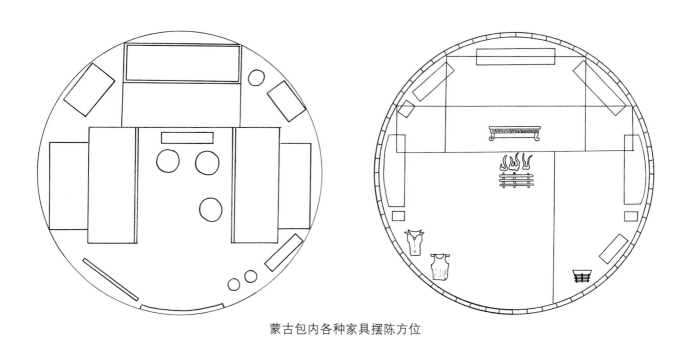

蒙古包内各种家具摆陈方位

蒙古包内的家具摆陈

蒙古包内的家具摆陈

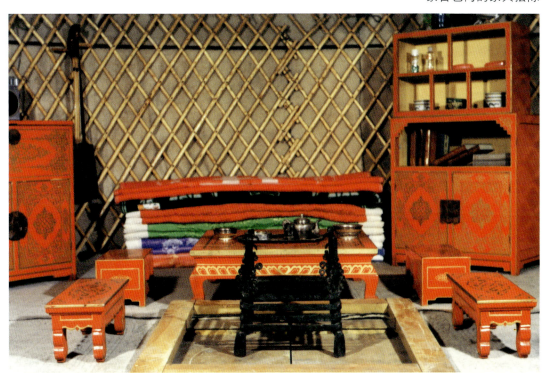

蒙古民族毡庐文化

蒙古包内的家具摆陈

蒙古贵族夫妇端坐于正堂之上，其前摆放
着方桌及小橱。

蒙古族一家老少三代端坐于蒙古包内，前面置小桌。

伍 其他居住形式和附属建筑

草原牧人的传统居住形式除蒙古包外，还有帐篷等简易的居所。 帐篷，蒙古语称"麦汗"。用深蓝色或深灰色的双层厚斜纹布制成，内部用两根立柱在两端作支撑，立柱分别用钎、绳固定好即可。在帐篷的角端补绣有用大绒或黑布剪贴出的各种吉祥图案。这种帐篷在牧民家遇婚丧嫁娶、庙会等大型临时性集会时使用。

还有一种被称为"塔嘎特"的居所，实际上是形似亭子的帐篷。用四根柱子撑起布顶，四边用毛绳向外抻拉紧之后，用铁钎钉在地上。四边角上用大绒和呢子剪贴、纳缝祥云、蝙蝠及寿字图案。"塔嘎特"通风凉爽，在清代多为贵族所用。清代以降，当皇帝举行盛大宫廷那达慕大会时，搭建帐篷作为官员休息之用，清画《塞宴四事图》中就有此形制的帐篷。

此外，还有一种圆形拱顶房，外形似蒙古包，蒙古语称"窝棚格日"。建造时选择粗柳条做骨架，然后以柳枝围骨架编制，要留出门。房顶开天窗，用柱子固定。在前边和两侧留窗户，编制后用牛粪、粘土及草灰在墙壁内外涂抹即成。这种房在鄂尔多斯市一带多见。

蒙古语称为"布日格格日"的，是牧区相对固定居住的房屋，多半以树条编制或用土块砌成，形制与窝棚格日相同。

在通辽市开鲁县还有一种以柳条编制，外壁涂泥的简易居室，称"崩崩"，后来只用于仓储，现已逐渐被淘汰。

蒙古包外的庭院配置也有一定的形制。一般以柞、桦木条或柳树条围栅院墙，在避风处用牛粪、羊粪堆积围一处畜圈，数辆勒勒车排列成圆形围绕在蒙古包周围。

帐篷发展演变示意

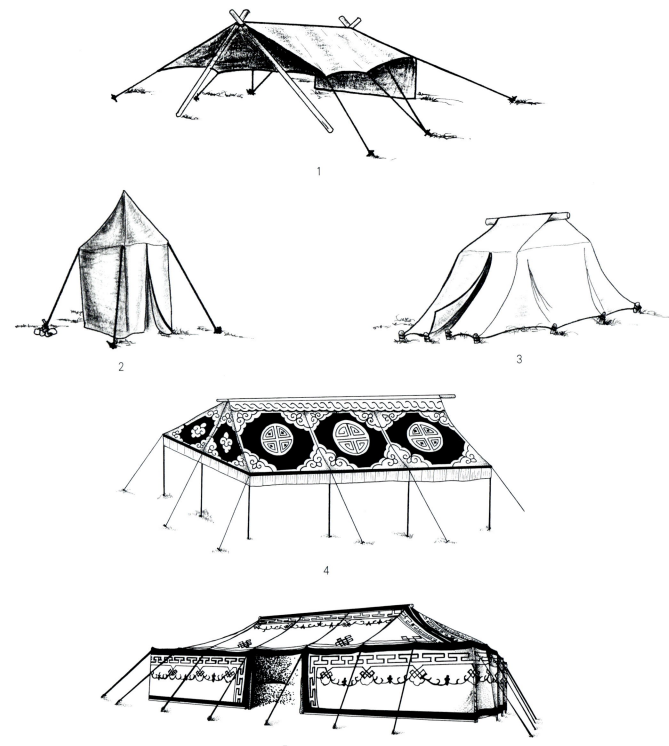

1

2

3

4

5

早期帐篷形制较为简单，支木为架，地下钉橛子以固定篷布。为抵御风寒，篷布覆盖面增大，形制愈加规整。大型帐幕立柱数目增多，篷布上饰吉祥纹样。

6

7

8

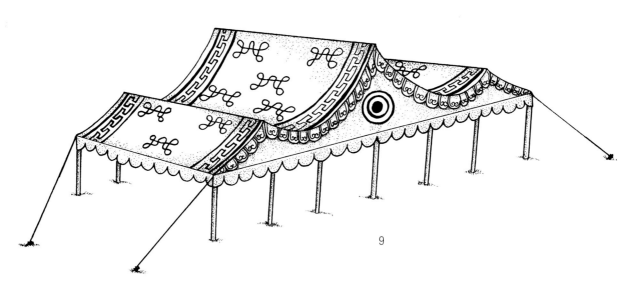

9

蒙古民族毡庐文化

西藏自治区日喀则市德钦颇章宫壁画

描述了八思巴去雪山大营中觐见元世祖忽
必烈的情景，从中可见古代帐幕形制。

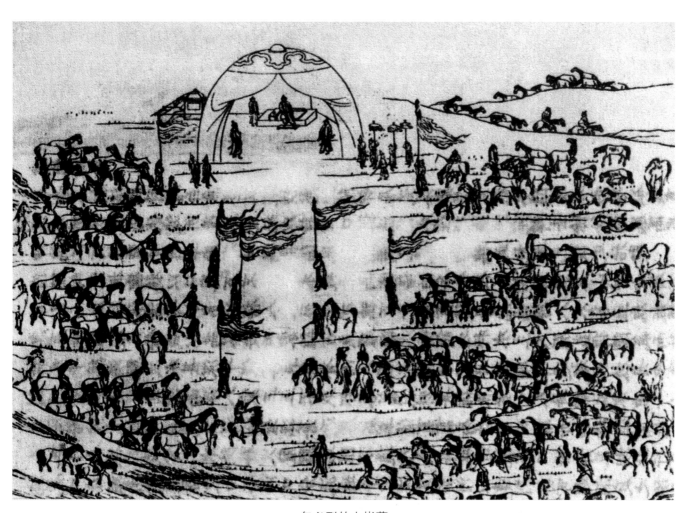

忽必烈的大帐幕

蒙古国藏清代绘画中的帐篷形制

《北征督运图》

清圣祖玄烨（康熙帝）亲率大军与准噶尔部交战，帐篷用于军旅。

蒙古民族毡庐文化

清代绘画《草原的一天》中的帐篷

蒙古民族毡庐文化

清代绘画中喇嘛在帐篷中作法的场面

清代绘画中描绘用于放牧中的帐篷形制

清代绘画中描绘蒙古人举办那达慕大会的场景。远处有蒙古包群，前方帐篷围成一圈。

蒙古民族毡庐文化

清代绘画中描绘的接待参加那达慕大会的清朝官员所用的帐篷形制

局部

20世纪30年代蒙古人使用的帐篷

蒙古国土尔扈特人使用的
帐篷，也有陶脑样的顶。

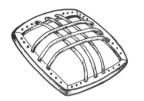

帐篷局部的装饰

蒙古民族毡庐文化

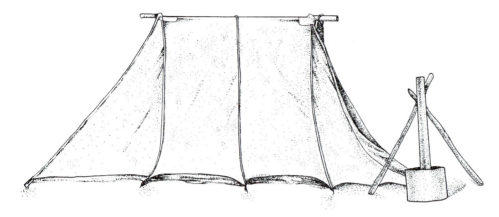

新疆草原牧人使用的帐篷

贺兰山下，在放牧时草原牧人憩息在临时搭建的帐篷中。

那达慕大会帐篷形制

那达慕大会时，帐篷下的会场中正在进行精彩的文艺表演。

帐篷篷布上不同的装饰纹样

崩崩

在内蒙古自治区东部通辽市开鲁县、赤峰
市巴林右旗一带以泥砌围墙，顶覆苇子杆
建成的简易蒙古包，蒙古语称"布日格"。

内蒙古自治区鄂尔多斯地区的简易蒙古包

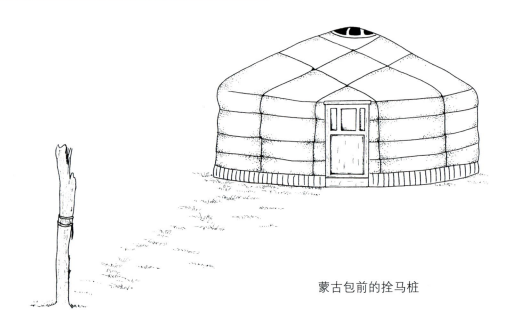

蒙古包前的拴马桩

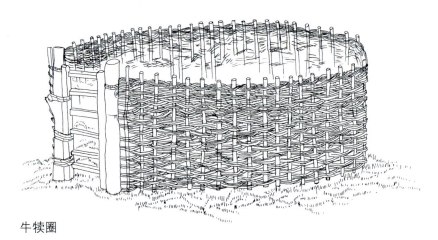

牛犊圈

牛粪堆

在蒙古包外或院墙外，牧民之家筑神台，两侧竖立三叉状的苏勒定旗帜，中间悬挂各色禄马风旗，当地人称"玛尼宏"，是鄂尔多斯蒙古族特有的标志。除象征战神、权力、勇猛之外，还作为牧民家的守护神，护佑人们平安吉祥、幸福美满。

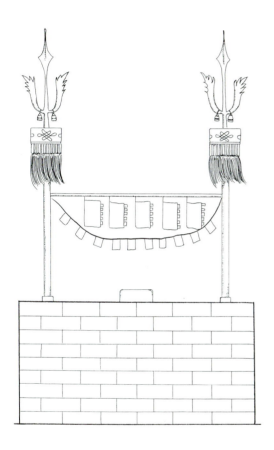

鄂尔多斯地区建筑在教堂外的神台以及悬挂的禄马风旗。

蒙古民族毡庐文化

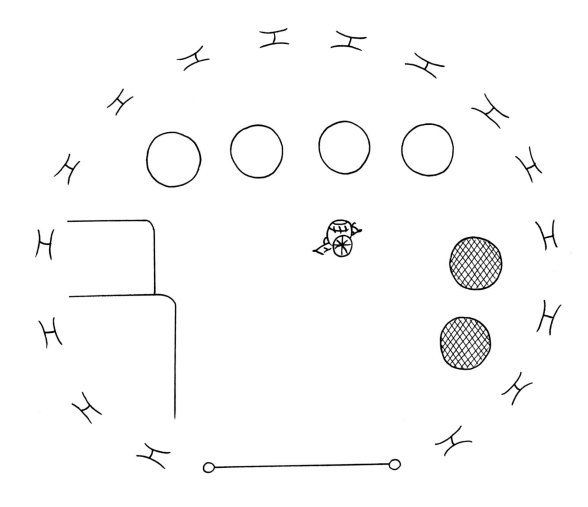

蒙古包和车组成"古列延"

鄂尔多斯地区的牧民大年初一在蒙古包外祭祀禄马风旗。

内蒙古自治区乌兰察布岩画中车的形象，以马驾车。

车马人物纹铜饰牌（一对）

东汉
青铜
长12厘米　宽5厘米
内蒙古自治区赤峰市翁牛特旗博物馆藏

图中反映了乌桓人驾车在草原上南来北往的生活场景。

蒙古民族毡庐文化

陶牛车

北朝
陶
车厢高17.6厘米　长20.7厘米
牛高17厘米　长22.5厘米
北京市房山区出土
首都博物馆藏

灰陶牛车

北魏
陶
车厢通体长31.5厘米　宽16.3厘米
高21.6厘米
山西省大同市雁北师院北魏墓群二号墓出土

车盖呈椭圆形，顶部隆起，厢后方开门两扇，
里面用红白两色绘铺首和门钉图案。车轮系
泥质灰陶制成，遍施黑彩。

陶牛车俑（1套3件）

北魏

陶

俑高15.5厘米　牛高13厘米　长21厘米
车长20厘米　宽12.5厘米

1975年内蒙古自治区呼和浩特市北魏墓出土

赶牛车男俑，头戴尖顶小帽，身穿长衣，作执
物状，为汉人形象。牛车由轮、车组合而成，
车轮上架带篷车厢。车厢前后相通，两侧各有
方窗，前有车辕两根。此种牛车与中原地区常
见的牛车形制相似。

毡帐车及女俑

元

陶

车长36厘米　宽16厘米　高14.8厘米
内蒙古博物馆藏

蒙古民族毡庐文化

内蒙古自治区通辽市库伦旗辽墓壁画《出行图》中，两契丹女子正在车前对
镜梳妆。契丹人除以驼驾车，还以鹿驾车。

内蒙古自治区赤峰市敖汉旗丰收乡辽墓壁画中的《毡车停歇图》，此车以驼拉载。

内蒙古自治区赤峰市翁牛特旗解放营子辽墓绘毡车出行图

此图为学者研究成吉思汗的军队具有极强机动性，猜测所画。
大多数学者认为其战车上载有一个蒙古包。

蒙古民族毡庐文化

《明妃出塞图》

故宫博物院藏

为明代人仇英绘。展现昭君出塞
和亲的史事，从中可见当时车的
形制。

清代绘画中描绘的轿车及篷车

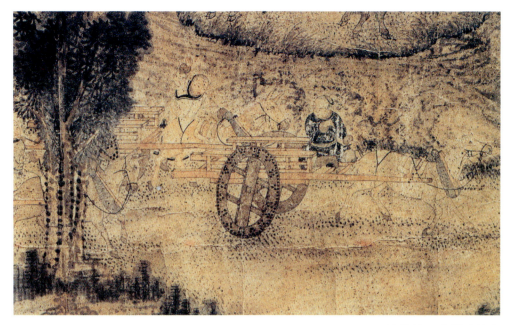

清代绘画中描绘的车

20世纪二三十年代勒勒车队

车根据其形制可分为三类：大车、轿
车、牛车。此为大车，车轮高度超过人。

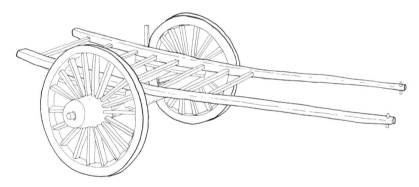

正在迁徙中运载家什的牛车

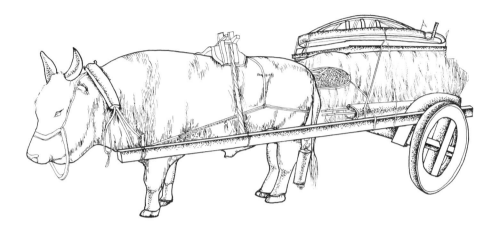

牛车又分为无篷车、库房车、篷
车。此为牛车。

上置水箱及驮载蒙古包陶脑的无篷车

蒙古民族毡庐文化

20 世纪初草原上的拉水车

陆・毡庐与车

蒙古族妇女驾牛车去拉水

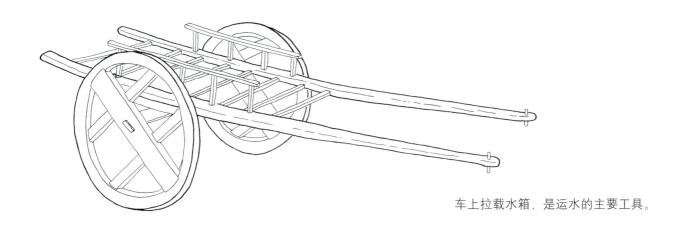

车上拉载水箱,是运水的主要工具。

牛车中的一种：库房车，用于储藏衣物。

牛车中的一种：库房车，用于储藏肉等食物。

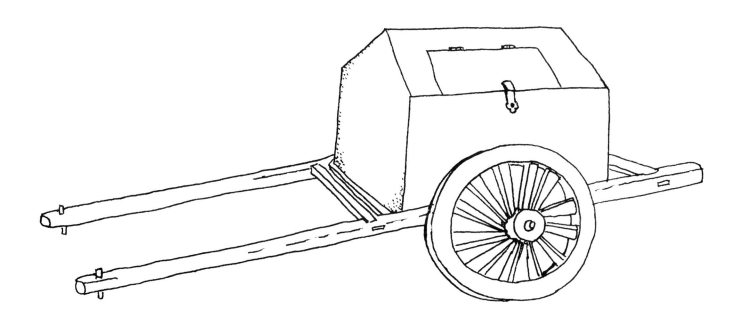

军车

清末
木、铁
通长478厘米　宽176厘米
高132厘米　轮径60厘米
原件藏于内蒙古自治区将军衙
署博物院

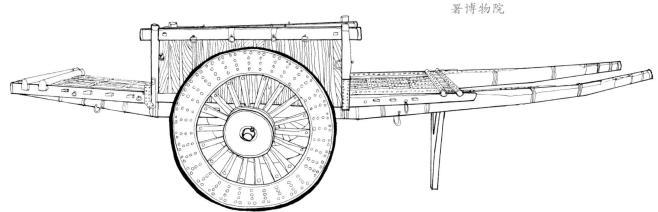

蒙古民族毡庐文化

轿车

清末

木　铁

长 350 厘米　宽 148 厘米　高 205 厘米

内蒙古大学民族博物馆藏

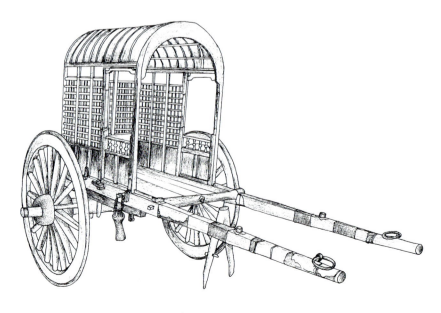

车辕上雕刻的图案

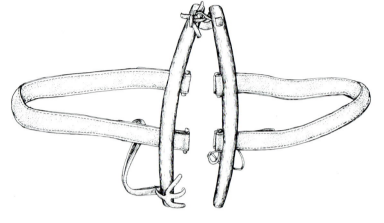

车辕

近代
紫檀木
长55厘米　辕木最宽4厘米
原件藏于内蒙古博物馆

鞍及鞍垫

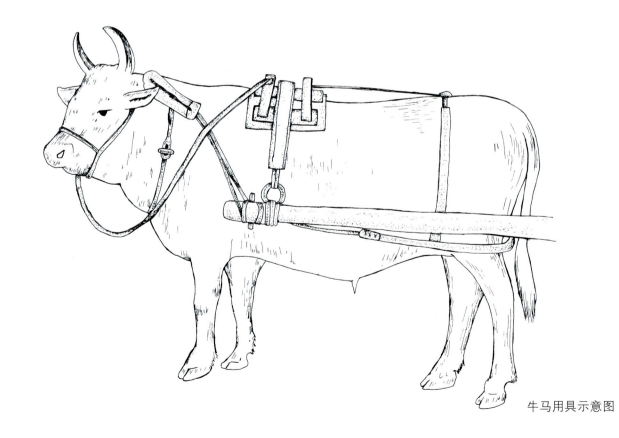

牛马用具示意图

雕狮纹牛车架

近代
紫檀木
长32.5厘米 宽26厘米 高14厘米
原件藏于内蒙古博物馆

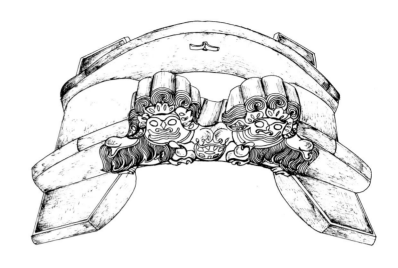

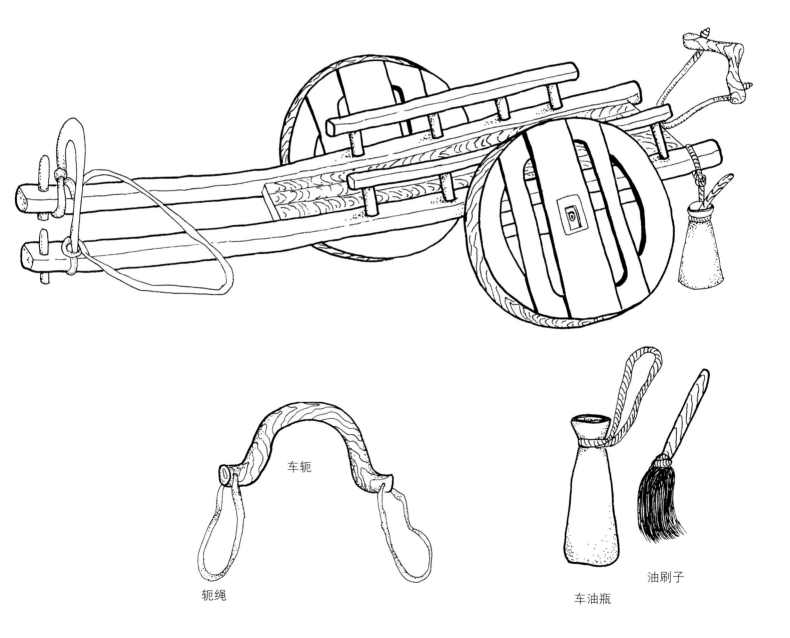

车轭

轭绳

车油瓶

油刷子

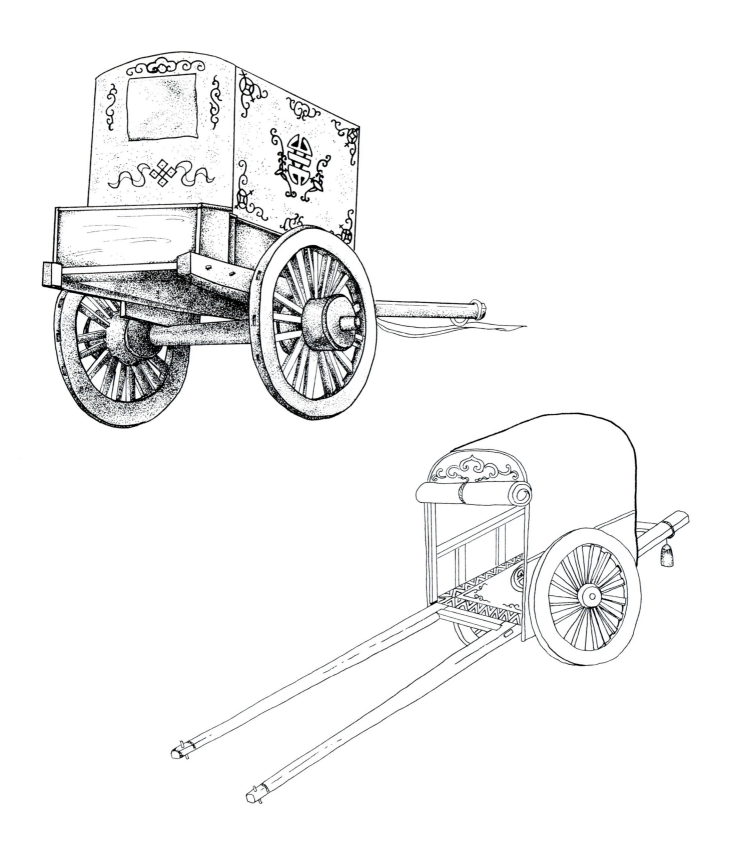

车篷上用吉祥纹样进行装饰

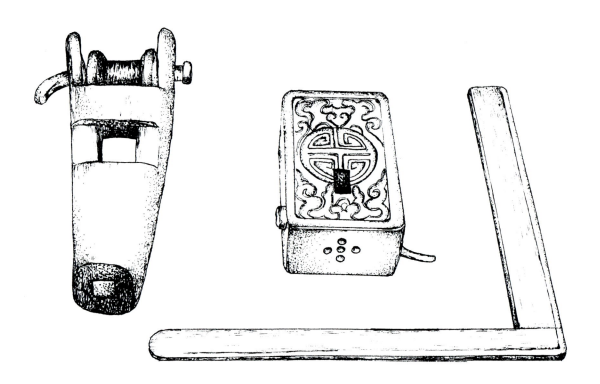

木匠制作车时使用的墨斗、尺子

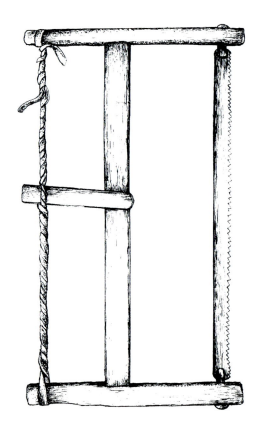

制车工具——木锯

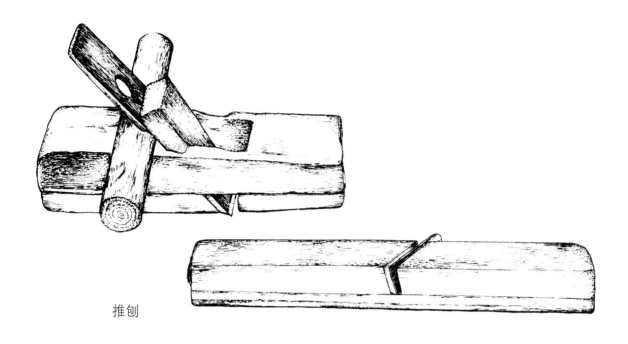

推刨

牛角墨斗

近现代
牛角
长 16.5 厘米　高 8.7 厘米
原件藏于内蒙古大学民族博物馆

工匠用手锯、凿子

近代
木、铁
凿子　长31.9厘米　长21厘米
锯　通长53厘米　柄宽10.8厘米
原件藏于内蒙古大学民族博物馆

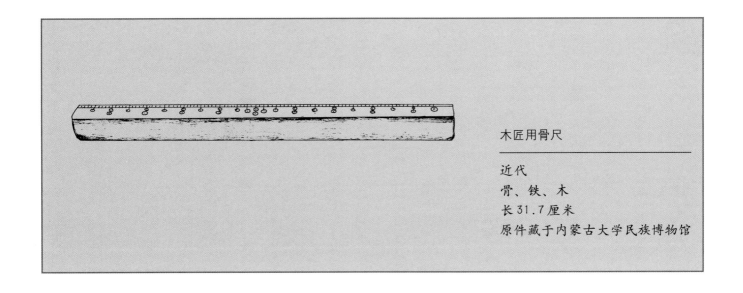

木匠用骨尺

近代
骨、铁、木
长31.7厘米
原件藏于内蒙古大学民族博物馆

正在制作车的蒙古族工匠

草原牧人正在制作大轱辘车

柒 毡庐的礼俗

蒙古族家庭日常起居、待客礼仪及与此相关形成的禁忌，多集中在蒙古包内进行，主要包括进出、迎送、敬客等礼俗。

在草原上前往别人家做客时，见到蒙古包要骑马慢行。客人若从南面进包，要从西南绕到马桩跟前下马；若从西北下马，则要从西南绕到毡包门口；妇女则要从东南绕到东北下马，但不能从正南和正东下马。遇贵客临门，全家人要出迎。

年长者或尊贵的客人登门，主人要迎到马桩跟前，把他从马背上扶下来，替他把马牵了放松捆肚，把扯手放在马鞍上，并把马拴在马桩上，或者用马缰将马前腿绊好。

进入蒙古包时，若有木门，从包门东侧进，而不能从西侧进入，后置毡门仍遵循旧俗。主人用右手掀门帘（东首），客人进门，要从东撩门帘，从门槛东面进入，但不能踩门槛。

进入蒙古包后客人向主人请安问候，内容涉及身体健康、生活快乐、家畜兴旺等，逢年过节等盛大节日，还要互换哈达。向尊者或长辈献哈达时，双手要举过头顶，身体略前倾，以示虔诚；对平辈或晚辈，要送到对方手中或腕上。

递鼻烟壶则是较为普遍的相见礼，烟壶成为日常交往中一种诚挚的信物。若平辈之间，宾主拿出各自烟壶，鞠躬后互换，拿至鼻端一嗅后返还。客人若是尊长，晚辈则双手高举献上烟壶，长者微欠身接过嗅之。客人进入蒙古包后，主人还要将自己烟荷包内的烟叶装好点燃，用双手将烟袋递给客人。

进入蒙古包就坐也有讲究，男人依辈分高低、岁数大小自西面由上向下排坐，妇女在东面就坐。毡包正北为一家之主的座位，儿子在掌家后才能坐在此处。落坐时，无论主人或宾朋一定要单腿盘坐。

客人起行之际，坐在西面的客人，沿毡包西侧往出走；东面的客人则提着袍襟，从火撑东面出门，不能扫着水桶、牛粪箱子等物。客人若是贵宾或长者，主人还要先行为其撩门帘，并要将其送到马桩前或更远。而客人离开也是先缓缓而行，后渐加快速度。主妇还要向远行客人的背影献洒鲜奶，以祈福平安返回。

蒙古族在蒙古包内外进行的祭祀活动十分丰富，有祭祀天地、招财仪式及新包落成仪式，特色鲜明。在招福仪式中，于蒙古包前搭一香台并焚香，当主祭喇嘛诵读招福经文时，户主双手捧招财升，合着诵经的节奏，在空中顺日转方向挥动，参加仪式的人们也手捧盛有食物的招财器具召唤。

清代绘画中描绘主人迎接贵族来宾进入蒙古包的场面

迎接贵客进入蒙古包

迎接客人进入蒙古包

客人的鞍具不能带入蒙古包内

蒙古包外迎接客人

敬献哈达

行见面礼

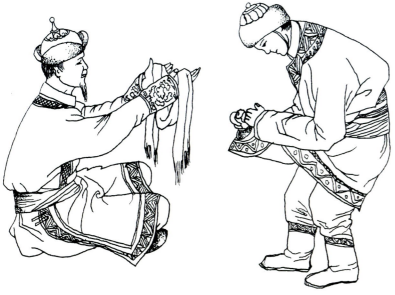

向客人敬献哈达问安

主妇向客人敬献哈达

向客人敬献哈达问安

蒙古民族毡庐文化

主妇向长者来宾敬酒

敬茶、敬食先敬长者

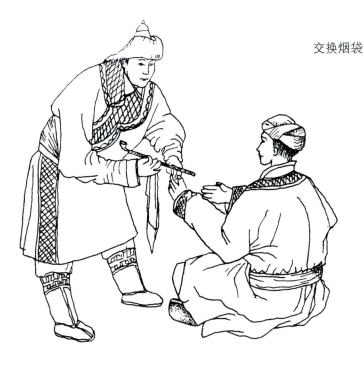

交换烟袋

平辈间交换鼻烟壶

蒙古民族毡庐文化

蒙古包外欢歌的老人和儿童

母子情深

蒙古民族毡庐文化

蒙古包外祭雪

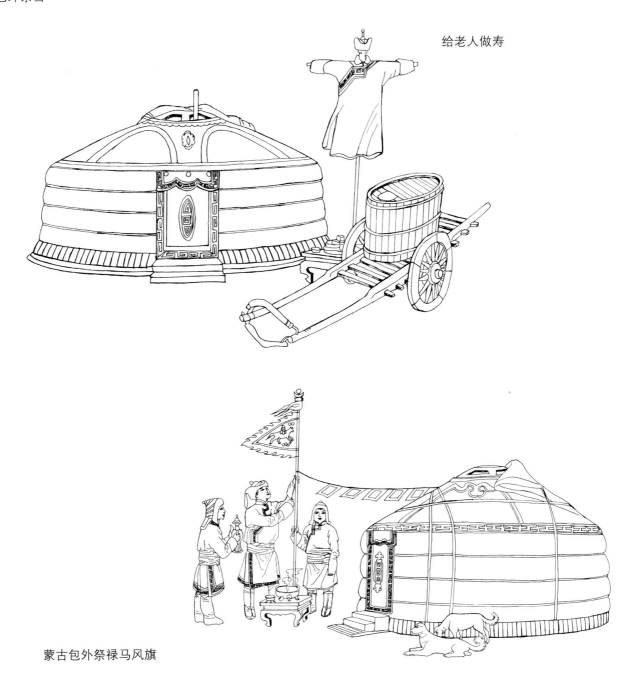

给老人做寿

蒙古包外祭禄马风旗

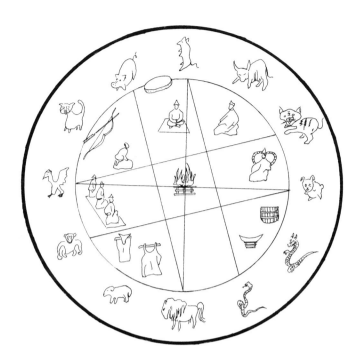

蒙古包以十二生肖记方位，凌晨4时到6时，太阳照在蒙古包的天窗部分，称为虎时；6时到8时，太阳照在蒙古包支撑天窗的支架上，为兔时；8时到10时，太阳照在蒙古包围壁的支架上，为龙时；依此类推，至晚18时（猴时），即为休息之时。

新蒙古包落成举行祭礼仪式

综述

因为仿照蓝天的样子，
才是圆圆的包顶；
由于仿照白云的颜色，
才用羊毛毡制成。
这就是穹庐——
我们蒙古人的家庭。
因为摹拟苍天的形体，
天窗才是太阳的象征；
因为模仿天的星座，
吊灯才是月亮的圆形。
这就是穹庐——
我们蒙古人的家庭。

这首流行在东部蒙古草原上的动人民歌，深情地道出了蒙古包在草原牧人心目中的位置。作为一种世代相袭的居住形式，蒙古包是草原游牧人在长期转徙生活中创造的，又在不断摸索中改进的民俗事项；它承载着蒙古民族物质生活的诸多表象。一个蒙古包就是一个蒙古人家庭，它是蒙古族家庭与社会生活的载体，即精神生活的集中体现。

作为草原牧人长期沿袭的居住形式，蒙古包的产生与北方游牧民经济生产方式的转变密切相关，是他们的生产力发展水平的产物。

早期依山傍水而居的游牧先民，以狩猎、采集、渔捞为生，他们栖身在以树木为支架，先以桦树皮、后以兽皮覆盖的简易窝棚中。这种圆形拱顶的隐蔽窝棚，中外的古代民族在处于游猎状态时，都曾经居住过。它由几十根木杆搭成上尖下大的圆锥状住房，是原始人类移至地面生活的最初居住形式。

伴随着生产力的提高和人口的不断增殖，人们日益需要比较稳定的食物来源。游牧先民们在生产中注意到把一部分食草动物圈留起来，逐渐驯养成家畜，以备食物不足时食用，这便出现了畜牧业的胚胎。畜产品的不断积累和增殖，为狩猎经济向畜牧经济过渡创造了物质条件，此时起决定作用的是骑马术的发明和应用，它使游牧民族经济生产方式发生重大变化。伴随着他们活动范围的日益扩大，以及畜产品不断地增多，他们常常要随着牧场草情和季节的变化，在很大范围内不断迁徙，这使得他们的住所——窝棚加以改进，并发展成为以树木为支架、上覆毛皮的帐篷。

当畜牧业逐渐发展成熟后，人们掌握了将畜毛加工擀制成毡的技术，这才有了覆毡的毛毡帐。骑马术的娴熟应用，建立了更大规模的游牧经济。随畜追逐水草，需要一种能够适应在千万里长的距离之间自由转徙而又经受风霜雪雨等严酷自然条件考验的居住形式，这便产生了蒙古包。

早在匈奴族建国时，制作构建穹庐的木架便是匈奴木器业部门重要的职能之一，畜牧业经济为成熟的穹庐制造业奠定了坚实的物质基础。

蒙古包的造型、结构、用料决定了它是极适宜北方游牧民经济生产和生活需要的居住形式。

蒙古包这种伴随游牧经济应运而生的居住形式，其形态、结构极其适宜游牧民族的生存环境，随着畜牧业经济的发展，草原牧人不断地继承前代，将其形制加以改进。

原始的毡包下部围壁较低，上部交木而支、无天窗，保留着较多的山林中窝棚的特点。由于采光不好，烟气排放不畅，后来草原牧人加以改进，在顶部开有天窗，产生了有"颈"的蒙古包。这种蒙古包使受力面积增大，经逐步改造，颈部渐收，顶部愈加浑圆，增强了抗击恶劣气候的能力。

一、可以抵御草原上强劲的风雪和沙暴。蒙古包体宽大浑圆，当风雪挟裹着沙土肆虐，其光滑浑圆的造型，缓冲了风沙的冲击力，并在其后形成新月形缓坡堆积下来；而拱形包顶承受力最强，二者形成一个强固的整体，风沙穿过时，受到巨大反作用力，上面沙子流走，下面的沙子在后面堆积下来，较大限度地将风雪压力减至最低。遇春秋季节大风袭来时，除了要把毡边放下，还要在包底脚压石块，或者从陶脑上吊下两桶水，把系包的坠绳拽住。一顶蒙古包可以经受十级大风的考验。

蒙古包的门多为东南开，这也是因为草原上多西北风，为避开肆虐的风暴侵袭而设计的。

二、组成蒙古包的陶脑、乌尼、哈那等架木结构既能承重，又将重量合理地分散。缺一不可的三个组成部分，环环相扣，将重量次第传导、分散。陶脑的重量，分担到几十根乌尼上，似伞骨般的乌尼又将其辐射状地传导，密网格纹状哈那片汇聚后将其传导给地面。特别是在雨季，蒙古包更形成一个封闭的整体，雨水从包顶盖上流下。蒙古包自重可达七百公斤，加上家具等的重量，可承载重量一千余公斤以上。

三、蒙古包冬暖夏凉，保暖性强，以羊毛毡为墙包外围毡，既保暖又可防风。夏季天热时可打开天窗，还可把围毡边撩翻起来，达到清风送爽的效果。

蒙古包有如下特性：

一、最大限度地利用了空间，并有极好的稳定性。

拱形包顶和内圆的造型,使内部居室可利用空间极大。蒙古族家庭的所有家当均在包内安置,所有生活起居、待客及婚姻生育均在包内进行。家人在儿子成家以前都居住于一包之中。

二、蒙古包制作简便,搭盖、拆卸方便。

构建蒙古包支架的树木随处可得,羊毛毡、牛马鬃绳均为畜牧业经济产品,且加工制作方法并不复杂,简单易得。三四个人在数小时之内既可搭建或拆除一座完整的蒙古包,妇女也能胜任。《绥蒙辑要》云:"因转徙频仍,惯于结构,其动作亦机敏,能于瞬时间成之。"

三、便于迁徙。

游牧民视水草、气候的状况,常年转徙,一年迁移三四次不等。制作简便,搭建、拆卸方便的蒙古包适合常年迁移的游牧生活。

蒙古包外围设施及内部陈设是适应游牧生活需要而设计制造的,其装饰特色又强烈体现着蒙古族的审美取向。

蒙古包外部还要用柳条、榆树枝或勒勒车围一院墙,建有拴马桩、堆放杂物用的棚等。

车是游牧生活长距离转徙不可或缺的工具,包与车更是形影不离,蒙古人甚至将蒙古包称为家车。每一蒙古族家庭都养狗看家护院,白天,狗是陪伴主人的忠实助手,草原之夜,狗像一名忠诚的卫士守护着羊群。养狗爱犬成为草原人的传统习俗。

鄂尔多斯地区的蒙古包前悬挂禄马风旗。布旌之上印有喇嘛教经文,还绘有骏马奔腾形象。它是蒙古族祭祀天地日月的象征,旗帜在草原上迎风招展,凝聚着草原牧人对吉祥、兴旺和幸福的向往与祈盼。

蒙古包的内部陈设主要有日常家居生活所用的柜、橱、箱、桌、架、灶和佛龛等敬奉用物。常年游牧转徙,使得家具的形状不太大,造型简洁、轻便、小巧,遇迁徙时以车载之,极其方便。选材多用草原上易得的榆、椴、桦木等材质。多选取红、紫等颜色为主色调,加彩绘进行装饰,用色鲜艳、热烈,这与游牧民族长期生活于疾风劲草的塞上密切相关,对明艳颜色有强烈的偏爱。装饰纹样多为龙、虎、狮等显示威猛的动物纹,象征草木繁盛的植物纹,以及大量佛教吉祥图案,尽显蒙古族崇奉藏传佛教的精神追求。

包内各种家什的摆放也有一定的规矩,其主要取决于蒙古族信奉的萨满教和藏传佛教义理。比如蒙古族家庭对火极为崇拜,所以灶火一般是设于包内中心位置。佛龛要设在西北方,这个位置在蒙古人的观念中是至尊至敬之所,他们在这里供奉佛像或祖先。家人及来宾座次、就寝位置与习俗均有定规也与此有关。男人用品摆在自北往西一侧,如狩猎、征战用物、马头琴等,马鞍具特定安置于包内西南方向。妇女的用物一般放置在自北向东一侧,包括衣物、首饰及化妆品等。

蒙古包的形成是古代游牧民族认识天体运行规律,利用日晷计时,空间上由内及外、感知外部世界的智慧结晶。

草原牧人通过对日出日落的长期观察,按照太阳照进蒙古包的日影计算时间。据蒙古国学者麦达尔考证,从匈奴时代开始,帐幕的搭建总是向着太阳的方向。他的研究表明,当时计算时间最准的为四哈那（14个头）、60根乌尼（门头上有四根乌尼）的蒙古包。[一] 根据日光照进陶脑内外、乌尼、哈那的不同部位、被桌、座垫、碗架腿等划分时间,以此来安排一天的生活。计算时辰从虎（寅）时（6点）开始,依次是兔（卯）时（8点）、龙（辰）时（10点）、蛇（巳）时（12点）、马（午）时（14点）、羊（未）时（16点）、猴（申）时（18点）。太阳照在陶脑圈的时候大致是6点48分,而落山时,恰是陶脑圈收回的时刻,蒙古包本身就是日晷。

从空间上,坐在蒙古包里可以由内知外。在古代战争环境中,遇敌人突袭时,牧人静卧包内便可通过辨析马蹄声,知悉入侵者的数量、距离远近,采取相应防御措施。若遇风暴来临或野兽来袭,都可以通过牲畜的细微变化,如圈里羊的动静、拴着的牛的反应、绊着的马朝何方向打鼻响、狗狂吠等,应对突发变动,保护自家牲畜,不为野兽攻击。

有关蒙古包的日常起居、待客礼俗以及禁忌,是古代蒙古人基于游牧生产方式所构建的独特意识形态的集中反映。

蒙古族家庭日常起居、待客礼仪及禁忌,多集中于蒙古包内进行。

一、讲究方向（位）

来客一般从正南或西南方向来到马桩跟前下马。进入蒙古包时,若有木门,从包门东侧进。后置毡门仍遵循旧俗,主人用右手掀门帘（东首）,客人要从东撩门帘,从门槛东面进入。

进入蒙古包就座也有讲究,普通客人和年轻人不能越过陶脑横木以北,客人坐西北或西面,但不能坐佛龛前。

就寝时,贵宾在蒙古包内离灶不远的地方就寝。

二、尊敬长者

年长的客人来到时,主人要迎到马桩前,扶他下马,并替他拴好马。年轻人陪同老年人做客时,让老年人走在前面。若并排走路时,晚辈要走在长者的左边。主人或者同来的客人,要用右手从左边搀扶老者。进蒙古包时一定要让年长的人先进。客人起行之际，长辈未动身年轻人不得先动。

三、注重仪表

无论客人是什么身份，进别人家以前都要把帽子、扣子、腰带等收拾平整，将袖子、刀鞘、下摆放下来。赤冠进家被视为大不敬。无论什么人进别人家时都不能挽袖子，也不能撩起袍子进门。

随身携带的东西如马绊、笼头、缰绳、套索等放在外面，不能系在腰上走进毡包。

四、男女有别

妇女进蒙古包时要从东南绕到东北下马，不能从正南或正东下马，这与蒙古人崇尚马的习俗有关。在蒙古包内就座妇女也有一定规矩。

围绕蒙古包形成的诸多禁忌，主要集中在对蒙古包构成物，如毡门、顶毡、坠绳及内部摆设物品的禁忌，如灶火、佛龛等。此外，在搭建、拆装、运载、迁徙蒙古包的过程中均形成相关礼仪。

蒙古包是古代游牧民崇天敬天、热爱自然、信守天人合一哲学思想的凝结。

从形制上，蒙古包的外形取自于天。他们从天际幽远和日月星辰的出没中形成天圆地方观念，依此构建居所，而有"天似穹庐"之说，实为穹庐似天。苍天的浩瀚无际，神秘莫测，日月星辰行于其中，时而风调雨顺，时而霜雪雷雨，其变化关乎着草原的盛衰，使他们产生以天为主宰的自然崇拜的宗教观念，即天神在整个北方民族心目中具有特殊的地位和力量。他们发明、创造的居所正是这种敬神媚神观念的物质表象。

从材质上，建造蒙古包的材料均取自天然，《呼伦贝尔志略》云其构造：就地划直径丈余之圆圈，周围排立木柱，柱间用木棍纵横组织如格，箍在柱上，成一围墙，柱上端，架木为梁，成一伞形之屋。伞形之骨架由柳条编制而成，骨架各部用羊毛绳串连扣紧，哈那的皮钉线用熟皮条切割而成，所用材料无不就地取材，多为畜牧业经济产品，它们对环境是无任何污染的材质。

从维护修理上，组成蒙古包的各个构件，均可以拆卸，且可以扩大或缩小，扩大时把陶脑换掉，增加乌尼、哈那数量即可，蒙古人一般选择扩大毡包。不作为居住的毡包，还用于储物，放置各种肉食及粮食等。

伴随着经济的发展，现代化建筑汲取蒙古包古老的风格式样，并融入现代理念，给蒙古包这种古老的建筑注入新的活力，使蒙古包这种凝聚着传统与未来的居住形式更显悠远，魅力独具。

参考书目

1. 《中国少数民族文化史图典·北方卷·下》，广西教育出版社，1999年。

2. 国家文物局主编：《中国文物精华大辞典·书画卷》，上海辞书出版社、商务印书馆（香港），1996年。

3. 赵振绩：《中国历史图说》，台湾世新出版社，1984年。

4. 哈斯巴特尔：《蒙古族传统文化图鉴》，内蒙古人民出版社，2002年。

5. 阿木尔巴图：《蒙古族图案》，内蒙古大学出版社，2005年。

6. 博彦和什克：《博彦和什克蒙古族民间图案集》，内蒙古文化出版社，1998年。

7. [蒙古国] 迈达尔、达力苏荣：《蒙古包》，内蒙古文化出版社，1987年。

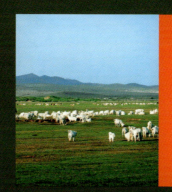

后记

《蒙古民族文物图典》，历经三年，即将付梓，感慨良多。这套书，是在经过近两年的研究思考，于2004年末决定组织撰写编辑的。组织此书，缘于以下考虑：中国北方草原地带的游牧民族，自古以来包括匈奴、东胡、鲜卑、突厥、契丹、党项、女真、蒙古等民族，对中国历史的发展以至中华民族的形成和发展的贡献是极其巨大的。不仅如此，对世界历史的发展，也产生过重要影响，特别是匈奴和蒙古族。可以说，世界上没有哪一个地方的游牧民族，如中国北方草原上的游牧民族那样，对世界历史的影响如此之大。这些古代民族在草原的自然环境条件下，创造了世界上独特的游牧文化。而蒙古民族是这些古代草原民族创造的游牧文化的集大成者。随着现代工业的发展，科学技术的进步，世界经济一体化的进程加快，草原游牧经济也在发生剧烈变革，传统的游牧文化在现实生活中也迅速演变以至于消失。保护这一具有世界影响的草原游牧文化，使这一人类宝贵的文化遗产得到传承，成为保持世界文化多样性的一朵奇葩，继续发挥其民族精神纽带的功能，是文物工作者，也是社会各界的责任。我从进入内蒙古文物事业行政管理行道不久，就意识到这是个需要认真考虑和对待的问题。

根据当前社会进步趋势，再想大面积保留完整传统游牧生产生活方式是不可能的，也是不明智的。而保护传统游牧文化的方式，一是搞草原文化保护区，划一块地方，组织一些牧民，按照传统方式进行生产和生活。二是收藏其文化和物质载体，即文物，并长久保存和展示。三是用图书音像等媒介予以记录。根据文物保护工作的特点，借鉴考古工作记录文化信息的方式，还是决定选择图书为媒介，作为记录也是保护和传承蒙古文化的一种方式。其具体确定为图典式的形式。"图典"即有图。这个"图"有彩色图片，也有墨线绘图。尤其是墨线绘图，把文物用简约的线条提炼出来，使其整体和关键部位一目了然。"典"则是有典型、典范、标准器的意思，即选择的典型的代表性的文物。总的指导思想是，这一图典，有类似蒙古族文物"字典"、"辞典"的功能。即使将来没有了实物，人们也可以通过此书的图，重新制作恢复消失的文物。这也算此套图典的一个值得称道的亮点吧。

根据蒙古民族传统文化的特点，将这套图典按六个方面，即鞍马、服饰、毡庐、饮食、游乐、宗教进行分类。有些类别间内容有些交叉，如鞍马文化中赛马的内容，在游乐文化中赛马也是不可缺少的，在编辑过程中根据侧重点不同，适当作了些调整。但要实现内容的科学归类，确也不是件容易事。所以，有些内容分布可能还有不尽合理之处。

此书看似"照物绘图"，实则是一次创造性的劳动。因为在此之前，虽然在国内外有一两种用线或照片反映蒙古民族传统文化的图书，但仍属零打碎敲，尚未见到比较系统的出版物。而这次是系统的收集整理和绘制蒙古族文物，并且每一个类别要有一篇完整的论述文章，以"图典"形式出版，这在世界上可能还是第一次。因此，遇到很多困难，最主要的是选择进入图典的文物，是否为"典"，各式各样的"典"。同一功能的器物，在不同的部落，其造型、材料可能有很大不同，均要选入。而有的器物，是某一地区代表性器物，特点突出，应当入选，但却找不到实物，或找起来相当费周折，给此书的编写工作带来相当大的困难。有的则只能成为缺憾。如果说此书有何不足，我认为主要是有些器物如我国新疆地区的、蒙古国和俄罗斯的一些有地方特点的应纳入蒙古民族文物范畴的工具因种种原因未能收入。虽然从蒙古民族整体上说，进入图典的文物比较系统和完整，但空间分布上看应是一个遗憾。只能待今后进行修订时再补充完善。

此书在编创过程中，得到诸多领导和朋友们的支持。内蒙古自治区党委常委、宣传部长乌兰，在任内蒙古自治区副主席时，对此研究出版项目予以充分肯定和支持，并为此书作序。内蒙古自治区副主席罗啸天也积极支持了这套书的出版。内蒙古自治区文化厅厅长高延青也对项目的确立给予帮助。内蒙古博物馆的孔群、张彤、贾一凡三位同志在组织稿件和图片方面作了许多具体细致的工作。内蒙古画报社的额博先生也热情地为本书提供了照片。特别是内蒙古农业大学的硕士研究生陈丽琴，组织她的同学为本书绘制墨线图。全套书一千余幅墨线图，基本都是她亲手安排完成的。当2007年夏天她已毕业回到鄂尔多斯工作后，得知《蒙古民族鞍马文化》还有部分线图工作需要她，她又毅然请假，按照需要完成了工作。国家文物局单霁翔局长、张柏副局长、叶春同志都很关心这套书的编辑出版工作。这种为保护民族文化遗产的贡献精神很让我感动。文物出版社张全国书记、苏士澍社长、张自成副社长和第四图书编辑部全体编辑为此书出版作了诸多努力，还有许多朋友帮助和支持了此书的出版，在这里一并表示由衷的谢意。

2007 年 10 月 8 日